ザグを探せ!

最強のブランドをつくるために

マーティ・ニューマイヤー
千葉敏生［訳］

実務教育出版

ZAG

The #1 Strategy of
High-Performance Brands

by

Marty Neumeier

Japanese translation rights arranged with
Pearson Education, Inc.,
Publishing as Peachpit Press
through Japan UNI Agency, Inc., Tokyo.

母と父に捧ぐ

はじめに

ビジネスがスピードアップし、ブランドの数が激増している今、
生き残るブランドと消え去るブランドを決めるのは、企業ではなく消費者だ。
似たもの商品・横並びサービスに囲まれている消費者は、
あふれかえる物の中から勝者をえり分けるための〝何か〟を探している。

打開策はあるのだろうか？　ある。
みんなが「ジグ」なら、あなたは「ザグ」。
つまり、競合相手とはまったく違う方向へ進み、
まったく違うものを見つけ、形にすればいい。

本書には、この「ザグ戦略」の生きた事例がたくさん詰まっている。
記事ひとつに収まるくらいのアイデアを膨らませてつくった本は多いが、
本書は逆に、本がまるまる1冊書けるくらいのアイデアを、

記事ひとつにまで凝縮したつもりだ。
同時に、スタンドにいる理論家の視点ではなく、
フィールドのプレーヤーの視点で書くよう心がけた。

本書は、読むのもやっとな500ページの事例研究本ではない。
読みやすくて、使いやすくて、覚えやすい原則が、
半分以下のページにぎゅっと詰め込まれている。
簡単に言うと、『ザグを探せ！』を読めば、私のノウハウがまるわかりなのだ。

時間は貴重だ。したがって、本書のひとつ目の目標は、
ちょっとした移動時間にも読める本を届けることだ。
そして、さらに大事なもうひとつの目標は、
最強のブランドを築き上げるための
ヒント、プロセス、勇気を、あなたに贈ることだ。

マーティ・ニューマイヤー

CONTENTS

ザグを探せ！　最強のブランドをつくるために　目次

PART 1 ザグを探す

PART 2 ザグをデザインする

PART 3 ザグを一新する

- 訳注は、［ ］書きで本文中に入れたものと、(1)(2)などの番号を付して巻末にまとめたものの2つがあります。
- 本文中の語句で「＊」が付されたものは、巻末に簡単な用語解説があります。

ビジネスにはふたつの機能しかない。
それは、マーケティングとイノベーションである。

ピーター・ドラッカー

PROLOGUE

プロローグ

スピード化する世界

発端は1965年、ゴードン・ムーアの大胆な予言に始まる。

「単位面積あたりに搭載できるトランジスタ数は毎年2倍になるだろう。その中で、トランジスタのコストは減少し、速度は向上していくだろう」

この予言から40年経ったが、ムーアの法則の魂は今なお生きつづけている。彼が興したインテル社は、いまだに革命の中心的存在であり、私たちが把握しきれないほどのスピードで、人間の生活を進化させている。

コンピュータの処理能力向上とともに、情報へのアクセス能力も進化してきた。たとえば、1998年には、グーグルのインデックス（索引）は2500万ページほどだった。それが2004年末には、80億ページにまで膨れ上がっている。実に360倍だ。そして、検索スピードはどうだろう。試しに「speed of business（ビジネスのスピード）」という言葉を入力・検索すると、1億7000万件もの結果が出るまでにたった0・2秒しかかからない。

ケータイ、メッセンジャー、メールの普及で、友人や取引先と瞬時につながれるようになった。

しかし、いつでもつながれるということは、「いつでもつながりが切れる」という危険性もはらんでいる。たとえば、多くの企業は、「テーブルの下のケータイ」が密度の濃い会議を行なううえで最大の障害になっていると述べている。

私たちが覚えたのは、会議中の〝こっそりメール〟だけではない。ケータイで話しながら、音楽を聴き、オンライン文書を読み、同僚とおしゃべりをする。家に帰れば、雑誌を読みながら音楽を聴き、ウェブをブラウズしながらサッカーの試合を観戦し、鍋を火にかけながら世界のニュースに耳を傾けている。ニュース番組は、ただニュースを流すだけでは飽き足りず、私たちの〝ながら作業〟という習慣を逆手に取って、画面の隅に株価情報、最新ニュース、天気予報などを続々と流している。

メーカーも、スピードの向上を迫られている。競争に勝つのは、もはや最良の商品を提供するメーカーではなく、最速のサプライ・チェーンを持つメーカーになった。作家でサプライ・チェーンの専門家であるロブ・ロディンは、企業が「安い、高品質、迅速という3つの飽くなきニーズ」を満たす必要に迫られていると述べている。ブロードバンド、翌日配達、RFIDタグ、ジャスト・イン・タイム・システムは、すべて「迅速」を実現するために生まれたものだ。デルやトヨタといった大手メーカーは、社会学者アルビン・トフラーの1965年の予言、「ビジネスがスピードアップするにつれ、時間はますます貴重になるだろう」を教訓にしてきたのだ。

100年ほど前は、買い物に出るといえば1日がかりの小旅行だった。しかし、今では、ほとんどの人々が家の近所ですませられるようになった。ビジネスが急激なスピードアップを遂げる前の1986年、アメリカにはショッピング・センターよりも高校の方が多かった。それが今や、ショッピング・センターの数は高校の2倍にもなる。ショッピング・センターの中に目を向けると、スーパーマーケットの品揃えは1986年の3倍以上だ。さらに、レジ・システムの革新により、以前の半分の時間で支払いをすませることができるようになった。

ムーアの法則が提唱される前、アメリカ人は旅行をしないことで有名で、ヨーロッパへの旅行客は年間300万人程度だった。しかし、運賃が安くなり、航空会社や空港の選択肢が広がった現在では、年間1100万人がヨーロッパを訪れている。彼らはどこに泊まるのか？　おそらく、Expedia.com に登録されている5万4000軒のホテルのいずれかだろう。オンラインで写真、説明、宿泊料金をすばやく比べ、クレジット・カードを使って即時予約できるからだ。

旅に出ると食生活の幅も広がる。たとえば、ヨーロッパを旅すれば、ブロン牡蠣《かき》のとりこになってしまうかもしれない。シーフード・レストランに入ると、「この牡蠣は［フランス北西部の］ブルターニュから直送されてきたものなんですよ」と説明されてびっくりするだろう。皿の上の牡蠣たちは、今朝、飛行機に積まれたものなのかもしれない。

ファストフード界の王者・マクドナルドは、最近、セットメニューの平均提供時間を121秒に短縮した。それればかりか、財布を取り出さずに支払いができるRFIDレジ・システムを導入して、さらに15秒の短縮を狙っている。だが、それでも遅いと感じる人々はいるに違いない。

最大の敵は〝氾濫《クラッター》〟

私たちは「より早く」の世界に加え、「より多く」の世界にも生きている。従来型の市場戦略家にとって、競合相手と言えば、同じカテゴリーの別商品（たとえば、他社のスポーツカー）だ。また、見方を広げて、少しはずれたカテゴリーの商品（スポーツセダンやオートバイなど）を含める場合もある。しかし、現代の真の競合相手は、直接的・間接的な競合商品ではなく、市場の極度の〝氾濫《クラッター》〟である。この現象はあまりにも広がりすぎていて、私たちはそれを認識すらしていないのだ。

1876年にジョン・ワナメーカーが最初のデパートを設立すると、消費者の選択の幅は広がりはじめ、それ以来ずっと膨らみつづけてきた。1965年にムーアの法則が提唱されるまで、スーパーマーケットで売られている品物は平均で2万点ほどだった。それが現在では、4万点以上に膨れ上がっている。これまでに出版された書籍は400万点を超え、2005年だけでも19万5000点が出版されている。同じ年、アメリカでは、商品がびっしりと掲載されたカタログが400億冊も発行された。これは、ひとり当たり134冊に相当する。また、金融分野では、1日当たりの取引の量は、1965年と比べて大幅に増えている。これらはみな、「商品の氾濫」を表す例だ。

商品やサービスの機能は、さらなる氾濫の原因となる。1986年の固定電話の機能と2006年のケータイの機能を比べれば一目瞭然だろう。エンジニアがその気になれば、どんな機能でも実現するということだ。これこそ「機能の氾濫」の一例で、「多ければ多いほどよい」という単純思考から来る現象だ。

機能を充実させると、企業は当然、その利点を消費者に売り込もうとする。その結果、1日にひとり当たり3000件ものマーケティング・メッセージが発信されていると言われている。これは、ムーアの法則が提唱された時代と比べると、2倍近い数字だ。しかし、その一方で、私たちのマーケティング・メッセージへの注意力はまったく成長していない。アメリカ広告業協会によると、私たちが吸収できるメッセージの数は、依然として1日に100件未満だという。アメリカ人の3人に2人が「広告の氾濫」に「絶えず圧倒されている」と感じるのも何ら不思議ではない。

メッセージそのものに目を向けてみると、問題はさらに深刻だ。調査によると、大半の広告メッセージは内容の詰め込みすぎが原因で、消費者の理解を妨げているという。さらに、内容そのものも、面白みがなく、あいまいで、メッセージ性に乏しい。「広告に費やす金の半分は無駄だということは分かっているが、どの半分が無駄なのかは分からない」「ジョン・ワナメーカーの格言」という言葉があるが、無駄なのは「メッセージの氾濫」に費やされるお金だろう。

市場における5つの氾濫《クラッター》

1. **商品の氾濫** ------------- 商品やサービスが多すぎる
2. **機能の氾濫** ------------- 商品の機能が多すぎる
3. **広告の氾濫** ------------- メディア・メッセージが多すぎる
4. **メッセージの氾濫** --------- メッセージに要素を詰め込みすぎる
5. **メディアの氾濫** ----------- 競合チャネルが多すぎる

これらに加え、テクノロジーと競争によって生まれたのが「メディアの氾濫」だ。１９６０年には、８４００の雑誌、４４０のラジオ局、６つのテレビ・チャンネルが存在していた。それが現在では、１万２０００の雑誌、１万３５００のラジオ局、85のテレビ・チャンネルにまで膨れ上がっている。さらに、ムーアの法則以前には存在しなかった２万５０００ものインターネット放送チャンネルがある。当時は、テレビ・ネットワークの競合相手といえば、ほかのテレビ・ネットワークだった。しかし、現代のテレビは、〝ながら作業〟やスピード依存といった文化の影響で、コンピュータ、雑誌、ＭＰ３プレーヤーとも時間を奪い合って競争を繰り広げているのだ。

広告の量は75パーセント増加したものの、消費者が商品、サービス、メッセージ、メディアに示す関心は低下していることが分かっている。広告ライターのグローリー・カールバーグは、「選択の複雑性（Complexities of Choice）」という記事の中で、次のように述べている。

「数年前まで、良いマーチャンダイジング（商品政策）とは、顧客に選択肢を与えることだと言われてきた。そうすれば、見込み客はノーと言いにくくなるからだ。しかし、現代の消費者は、選択肢がありすぎてかえって混乱している可能性がある。広告に掲載された23種類の商品のうちどれがいちばんいいだろうかと考えるよりは、今までのモデルで我慢しようと思うかもしれないのだ」

この記事が書かれたのは、なんと1965年だ。皮肉なことに、さまざまな商品、サービス、機能、メッセージ、意味、メディアとの競争にさらされた企業が真っ先に取るのは、氾濫に氾濫で応じるという対抗策だ。これではまるで、ガソリンで火を消そうとするようなものではないか。

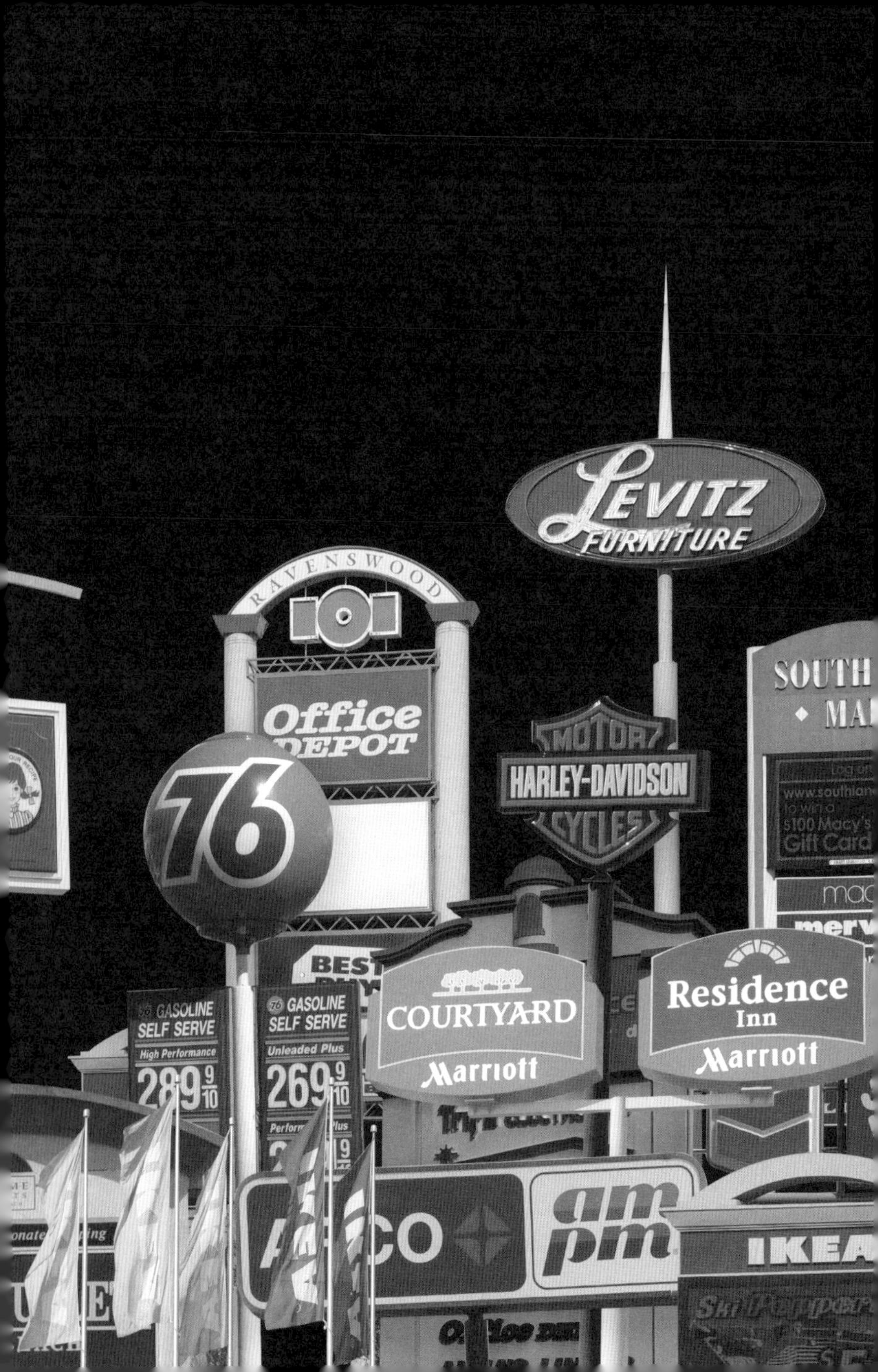
LEVITZ
FURNITURE
RAVENSWOOD
Office
DEPOT
76
MOTOR
HARLEY-DAVIDSON
CYCLES
SOUTH
GASOLINE
SELF SERVE
High Performance
289 9/10
GASOLINE
SELF SERVE
Unleaded Plus
269 9/10
COURTYARD
Marriott
Residence
Inn
Marriott
am
pm
IKEA

Circuit City
ULTA
TOTAL FITNESS
THE HOME DEPOT
AMC 20
RIVERPARK
CENTURY THEATRES
Albertsons
MICRO C
T.J.maxx
Wendy's
BEN & JERRY'S
yoyo sushi
Michaels
chili's
McDonald's
DRIVE-THRU
OPEN 24 HOURS
PRIME OUTLETS

[ふぅ……、こっちとどっちがいい？]

〝心の壁〟の時代

人間の心は、このような「氾濫」にもっとも効果的な方法で対処する。大半を頭の中から閉め出してしまうのだ。便利そうなものや面白そうなものだけが取り込まれて、頭の中の〝箱〟に収められ、ラベルが付けられる。いったんラベルが付き、〝箱〟がいっぱいになると、もう中味を変更する気にはならなくなる。この単純な事実が、現代の企業の競争の仕組みに大きな影響を与えている。

成功を持続させるために、企業は常に競合他社に対して障壁を築こうとしてきた。たとえば、産業革命の初期には、生産手段の独占がもっとも一般的な障壁だった。機械を持っている企業が、持っていない企業と競争すれば、持っている企業がたいていは勝つ。

大半の企業に機械が普及すると、今度は工場のあるなしが障壁となる。巨大な工場、訓練を受けた従業員、効率的なベルト・コンベアを所有・管理する財力のある企業が勝つことになる。

大半の企業が工場を持つようになると、競争の障壁は資金調達力になる。株式を売ったり、工場を担保にしたりして資金調達できる企業が勝つ。

製造業界に情報経済の波が押し寄せると、障壁は金融資本から知的資本へと移る。特許や著作権を持ち、競合他社に商品やプロセスをマネされることのない企業が勝つことになる。

そして現在、知的資本の障壁が崩れつつある。絶え間ないイノベーション競争で、企業同士が抜きつ抜かれつを繰り返す中、過去の特許はその価値を失っている。さらに、知的財産を障壁にすることで、企業は利益を得るどころか、損害をこうむる可能性もある。企業に繁栄をもたらすビジネス生態系《エコシステム》［共生的な企業間関係］の成長を鈍化させる場合があるからだ。たとえば、アップルはかつて、自社のオペレーティング・プラットフォームをオープンにしない決断を下した。そのあいだに、マイクロソフトの標準プラットフォームが業界を席巻してしまった。

現在、戦場は再び変わりつつある。知的財産、資本調達、製造効率は相変わらず重要だが、今日の競争の障壁は、消費者が氾濫から身を守るために作る〝心の壁〟だ。歴史上初めて、競争のもっとも強力な障壁が、企業でなく人間の手に委ねられる時代が来た。人々が頭の中に作るこの小さな〝箱〟が、ブランドの境界を決めるのだ。

特許
ブランド

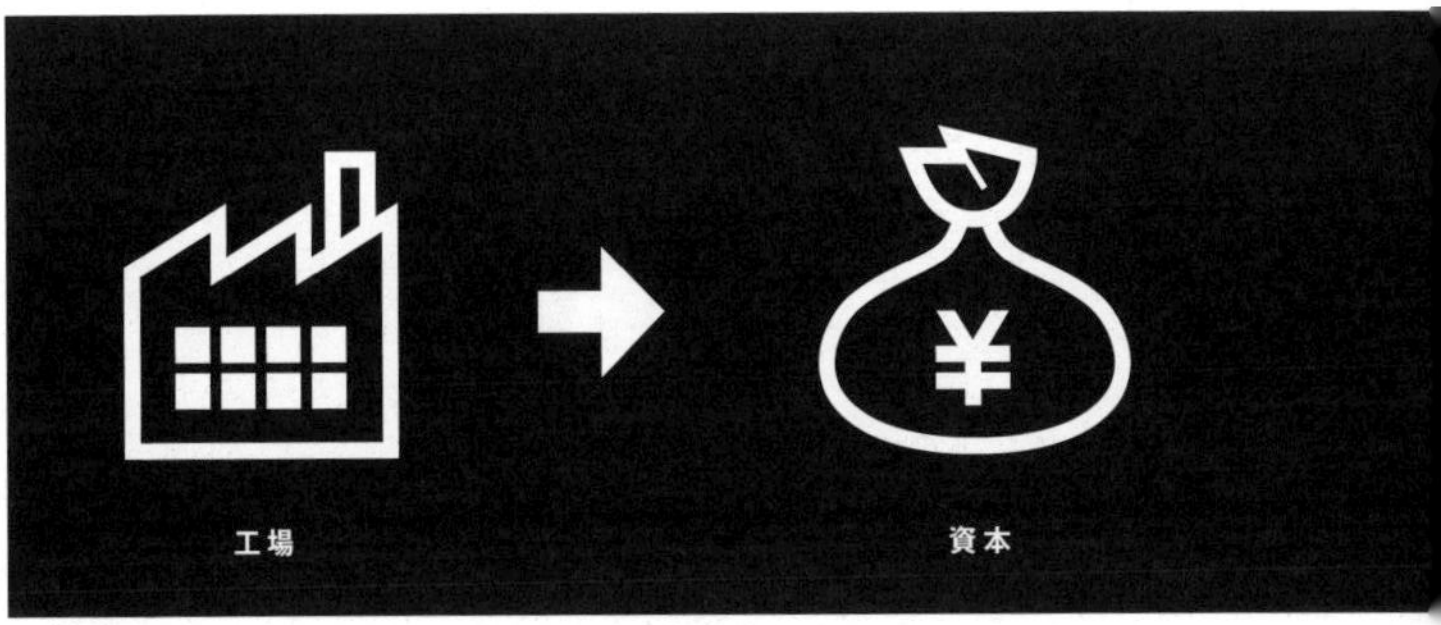

障壁は、
物的なものから
知的なものへ、
企業の手から
消費者の手へと
移ってきた。

ブランドとは、
商品、サービス、
企業に対する
消費者の**直感**である。

「ブランド」という言葉の定義

ブランドとはいったい何だろう？　ヒントは、企業のロゴでも広告でもないということだ。ロゴや広告を管理するのは、企業だ。実際には、ブランドとは、商品、サービス、企業に対する消費者の直感だ。人々は、氾濫の中に秩序を見出すために、ブランドを作り出す。もし「ブランド」という言葉がなかったとしたら、それに代わる言葉を見つけるのは難しい。「ブランド」というコンセプトが持つ複雑さや豊かさをうまく言い表す単語は、ほかに見当たらないからだ。いちばん近い言葉をひとつ挙げるとすれば、「評判《レピュテーション》」かもしれない。企業がブランドの評判をコントロールできないように、人間も自分自身の評判をコントロールすることはできない。評判とは、「自分」の言葉ではなく、「みんな」の言葉で決まるものだからだ。自分でできることと言えば、せいぜいその評判に影響を与えることくらいだ。

ブランドが消費者の直感だとすれば、ブランディングの定義とはいったい何だろう？　簡単に言えば、消費者に喜びを与えることで、長期的な価値を築くことだ。ブランドの価値を測る基準は複雑だが、ブランディングの目標はシンプルだ。消費者を喜ばせ、「多くの」顧客が、「多くの」商品を、「長い」期間、「高い」価格で買ってもらえるようにすることだ。しかし、ブランディングには因果応報的な側面もある。たとえば、サービス内容を誇大に宣伝してしまえば、ブランドは打撃を受け、まったく正反対の運命をたどるだろう。つまり、「少ない」人々に、「少ない」商品を、「短い」期間、「安い」価格でしか買ってもらえなくなる。企業の使命は、顧客を喜ばせることなのだ。

「売り込む」のではなく「引き込む」

長年にわたってテッド・ベイツ社で働いたロッサー・リーブスは、1961年に『Reality in Advertising（広告の現実）』という本を書いた。この本の中で、彼はあらゆるメッセージでユニーク・セリング・プロポジション（独自の売り、略してUSP）を重視するよう訴えている。「多くの場合、消費者は広告の中のひとつの内容しか覚えていない。ひとつの強力なメッセージや、ひとつの強力なコンセプトだ」と彼は述べている。1961年当時、USPは強力なアイデアだったが、この言葉の中で現代でも通用するのは「ユニーク（独自）」という部分だけだ。

現代の消費者は、買わされるのを嫌う。自分の意思で買いたいのだ。それだけでなく、集団《トライブ》で買う傾向がある。したがって、企業がメッセージの中で重視すべきなのはUSPではなく、企業の商品やサービスと相性のよいユニーク・バイイング・トライブ（独自の購買集団、略してUBT）だ。集団の中では、ニュースはすばやく広まり、ブランドに大きな牽引力をもたらす。

ＵＳＰは商品やサービスを「売り込む」ための考え方だが、ＵＢＴは消費者を信頼できる集団へと「引き込む」ための考え方だ。似たような商品であふれかえる市場において、消費者が求めているのは機能やメリットではなく、集団としてのアイデンティティなのだ。「この商品を買ったら、どんな自分になれるんだろう？」。消費者はそう考えているのだ。

広告は死のスパイラルにある

従来型の広告は死のスパイラルへと陥っている。メディアはますます小さなチャネルへと細分化され、多くの人々にメッセージを届けるには膨大なコストがかかるようになった。この死のスパイラルの根本原因とはいったい何だろうか？　２つの要因が挙げられる。１つ目は、人々は一方通行の対話が嫌いだということ。２つ目は、広告が信頼されていないということだ。その結果、多くの人々が広告に興味を失っているのだ。

テレビ・コマーシャルといった従来型のコミュニケーション媒体は、押し付けがましく一方的なセールス・メッセージとしては有効だ。しかし、さまざまな選択肢を持つ現代の消費者は、多くの時間をウェブに費やしている。ウェブでのコミュニケーションは、セールス・トークよりも会話に近い。また、友人の言葉を頼りにする消費者も多く、マス・コミュニケーションが生まれる前の口コミ文化が復活しはじめている。皮肉なことに、消費者が押し付けがましい広告に背を向ければ向けるほど、広告業界はさらに押し付けがましい広告で抗戦しようとしている。これこそ、広告が死のスパイラルに陥っている1つ目の原因だ。

また、従来型の広告は、広告の約束する内容が大きい場合にも有効だ。しかし、実際の商品やサービスよりも誇張した広告も多い。消費者が、広告を信頼しなくなったのはそのせいなのだ。1998年のギャラップ社の世論調査によると、さまざまな職業における誠実さや倫理観の度合いは、広告業界の人々が最下位に近く、弁護士と自動車販売員のあいだだった。今日では、92パーセントもの人々が、録画した番組を観るときにCMを飛ばしている。業界はどう対抗したのだろうか？　さらにずる賢い手段に打って出たのだ。プロダクト・プレースメント*と呼ばれる遠回しな手法を用いて、記事、テレビ番組、映画、イベントに広告をこっそりと忍び込ませているのだ。このようなコンテンツと広告の混合や、誇大広告こそ、広告が死のスパイラルに陥っている2つ目の原因だ。

広告業界は、このスパイラルから抜け出すことができるだろうか？　おそらくできるだろう。広告業界の人々は賢いから、業界を改革する新たな方法を見つけ出すに違いない。それは、まだ広告と呼べるようなものだろうか？　それは別の問題だ。現代の消費者が望んでいるのは、信頼できるブランドであって、さらなる押し付け、さらなる誇張、さらなる氾濫ではない。

従来型の押し付けがましくてずる賢い広告は、
長期的効果を犠牲にして、
短期的利益を
得ているにすぎない。

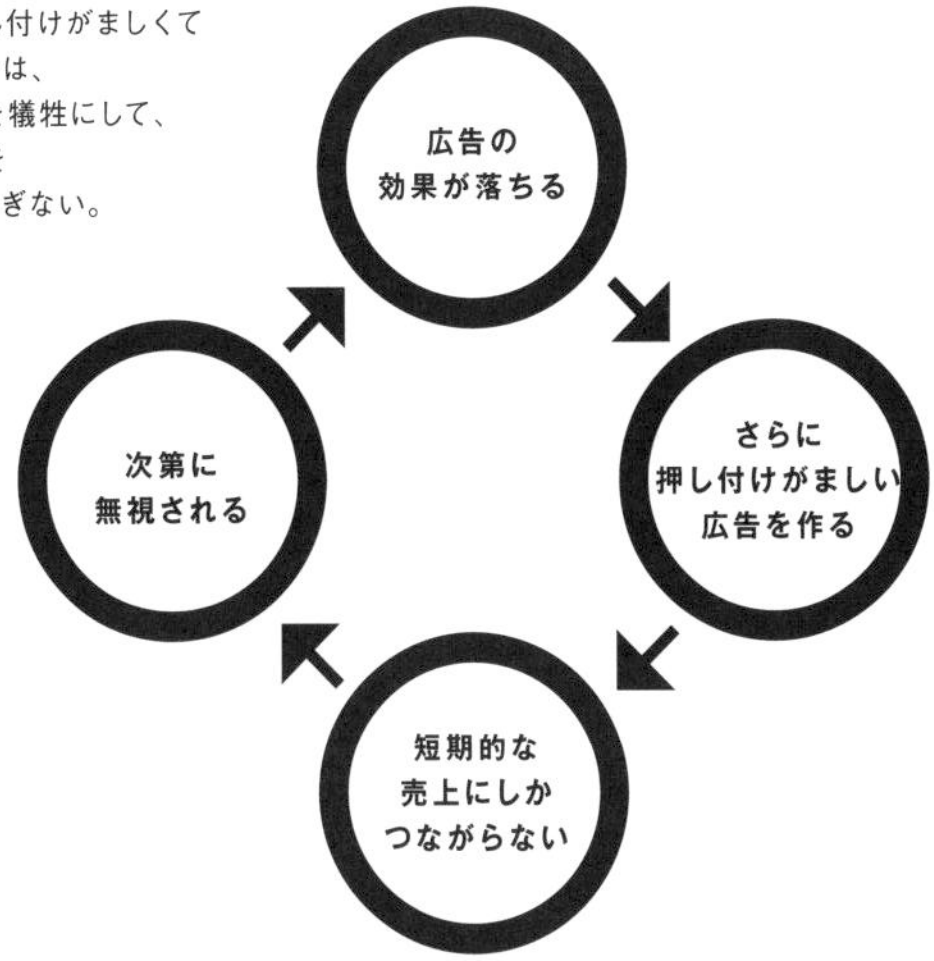
広告の効果が落ちる
さらに押し付けがましい広告を作る
短期的な売上にしかつながらない
次第に無視される

押し付けがましい広告

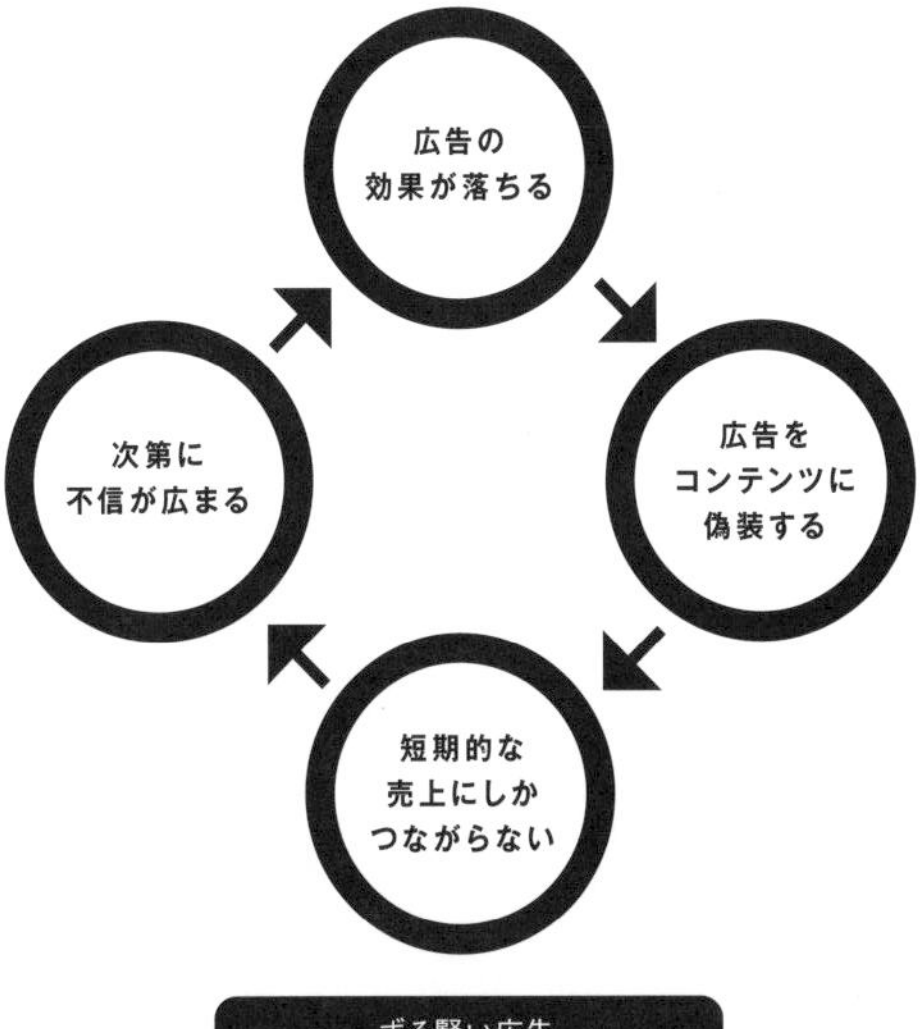
広告の効果が落ちる
広告をコンテンツに偽装する
短期的な売上にしかつながらない
次第に不信が広まる

ずる賢い広告

1 マーケティング

俺は最高の
恋人になるぜ。

2 テレマーケティング

もしもし。
俺は最高の
恋人になるぜ。

3 PR

恋人にするなら
彼よ。信じて。

4 広告

俺は最高の
恋人になるぜ。
俺は最高の
恋人になるぜ。
俺は最高の
恋人になるぜ。

5 グラフィック・デザイン

6 ブランディング

あなたは
最高の恋人よ。

重要なのは「量」ではなく「違い」

2005年のある日、「ウォールストリート・ジャーナル」紙の第一面に載ったふたつの記事はこうだった。

「米国経済、活気失う」

「アップル、収益が6倍以上に」

この日の記事を見たCEOたちにとって、記事が物語っていることは火を見るより明らかだった。つまり、競争の激しいビジネス環境で成功するには、イノベーションが欠かせないということだ。アップル社の「Think different（発想を変えよう）」という理念は、21世紀のビジネスのモットーになるだろう。

競争を一歩リードするための「差別化」では、もはや第一面を飾れない。商品やサービスが極度に氾濫する現代においては、差別化だけでは不充分だ。必要なのは、「過激な差別化」なのだ。

そこで、本書では新しいルールを提唱したい。みんなが「ジグ」なら、あなたは「ザグ」。従来の差別化では、最新機能、新色、値下げ、スピードの向上など、競争上の利点が少ない部分にあまりにも多くの労力を費やすことで、苦しい戦いを強いられてきた。一方、過激な差別化とは、企業が独占して守ることができる、まったく新たな市場空間を見つけることだ。これにより、数カ月単位ではなく、数年単位の利益を生み出すことができるようになる。

過激な差別化を、ハイパフォーマンスなブランドのエンジンととらえてみよう。過激な差別化は、多くの人々に、多くの商品を、長い期間、高い価格で買ってもらうための手っ取り早い道筋を提供してくれる。さらに、「何をするべきか」「何を作るべきか」「誰のために作るべきか」「誰を雇うべきか」「どう行動すべきか」といった戦略を立てるうえでの基準になるはずだ。「ザグ」を手に入れることができれば、新たな市場カテゴリーを開拓することができる。そして、あなたの顧客、従業員、取引先、そして競合他社さえも、ブランド構築の足がかりにすることができるだろう。逆に「ザグ」がなければ、あなたは市場の氾濫の中に深く埋もれる化石のようになってしまうかもしれない。

過激な差別化を実践するには、次の3つの原則を学ぶ必要がある。

1．ザグを探す

2．ザグをデザインする

3．ザグを一新する

準備はよろしいだろうか？

〝違い〟を生み出せ。

〝違い〟を。

いや、**極端な**

PART 1

ザグを探す

誰もいないところを狙え

5歳のころ、私は父親に子ども用の野球バットを買ってもらい、野球を教わった。父は、ボールを投げながら、次々と私にアドバイスをした。「ほら膝《ひざ》を曲げて。肘《ひじ》を上げろ。ボールをよく見るんだ。もっと踏み込んで。水平に振れ。フォロースルーが足りないぞ」。しかし、今でも覚えているアドバイスは、私が打率を上げるにはどうしたらよいかと尋ねたときに返ってきた台詞《せりふ》だった。「誰もいないところを狙え」と父は言った。

それは、ウィー・ウィリー・キーラーの有名な台詞だった。彼は、メジャー・リーグ史上もっとも小柄な選手で、身長は160センチあまり、体重は60キロほどしかなかった。それでも、1894年から1901年まで毎年200本安打を達成し、19年間メジャー・リーグで活躍したのち、球界を去った。通算打率は3割4分1厘だった。しかも、彼が使っていたバットの大きさは、私が5歳のときに父から買ってもらったバットとそれほど変わらなかった。いったい彼はどうやってこれほどの偉業を達成したのか？　〝力〟ではなく〝頭〟を使ったのだ。彼は、野手のすきまを狙うすべを身に付けたのだ。

「良さ」と「違い」の関係

大半の企業にとって、過激な差別化で問題となるのは、「過激」の部分だ。「誰もやっていないことを自分でやるのは、ばかげているんじゃないか?」と考えるのだ。しかしそれは違う。むしろ、新しい市場で主導権を握るには、それが鉄則なのだ。「誰か」がすでにやっていることを自分もやることこそ、ばかげているのだ。トップの後ろを歩いているようでは、トップにはなれない。したがって、〝野手のすきま〟を見つけなければならない。「ザグ」を探す必要があるのだ。

なぜ多くの企業はザグ探しをためらうのだろうか。それは、イノベーションには不安がつきまとうからだ。つきまとう不安を払拭するためにマーケターが実施するのが、フォーカス・グループ［消費者を集め、商品やサービスについて議論させる調査法］だ。フォーカス・グループは、一定の状況では役に立つが、イノベーションを促すうえではまったく無用だ。なぜなら、過激な差別化は、フォーカス・グループでは評価が低いからだ。人々にどのようなものが欲しいか尋ねると、返ってくる答えはだいたい決まっている。今ある商品を改善してほしいという答えだ。もっと便利な機能を加えてほしいとか、もっと安くしてほしいとか、あるいはその両方だ。これは、過激な差別化にとっては何の役にも立たない。わずかな利益しか見込めない〝似たもの商品〟しか生み出せないからだ。

新しい商品について判断するときに効果的なのは、消費者の反応を成功のパターンと照らし合わせるという方法だ。ふたつの軸を持つマトリクスを描いてみよう。Y軸が「良さ」、X軸が「違い」を表す。こうすることで、検討中のビジネス・コンセプトと成功するザグとを比較することができる。また、大半の企業がフォーカス・グループにだまされる理由を見て取ることもできる。

マトリクスの「良さ」の軸には、消費者が一般的に重視するあらゆる属性が含まれる。たとえば、品質の高さ、見た目の良さ、安さ、機能性、使いやすさ、スピード、パワー、スタイルなどだ。これらは、大半の商品が競い合っている要素だ。一方、「違い」の軸は、商品がほかの商品と比べていかに「違う」かを表す属性だ。これには、顧客が意外だ、気持ち悪い、醜い、新しい、おかしい、変わっている、奇抜だなどと特徴付ける属性が含まれている。

こういったタイプのマトリクスでは当然のごとく、理想的なのは右上だ。この場合、「良さ」に「違い」が加わることで、成功するザグが生まれる。たとえば、アーロンチェア、シティバンク、トヨタ・プリウス、チャールズ・シュワブ、シルク・ドゥ・ソレイユなどがその典型例だ。しかし、成功するザグは、発売前には消費者の評判が悪いことが多い。「良さ」の軸では高評価を受けても、「違い」の軸に関しては否定的なコメントが多く寄せられるため、企業は不安になって却下してしまうことも少なくない。

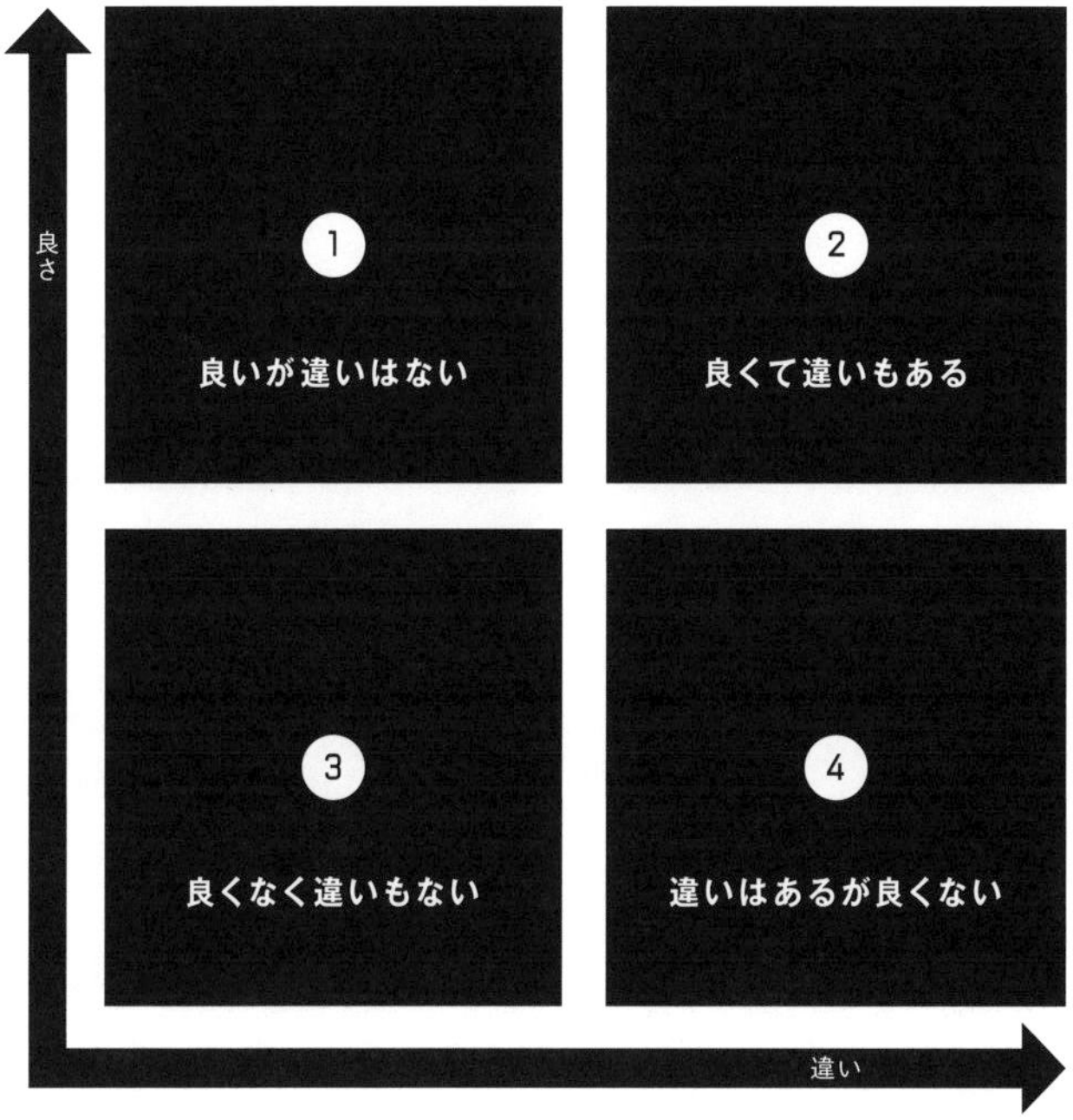
良さ
1
良いが違いはない
2
良くて違いもある
3
良くなく違いもない
4
違いはあるが良くない
違い

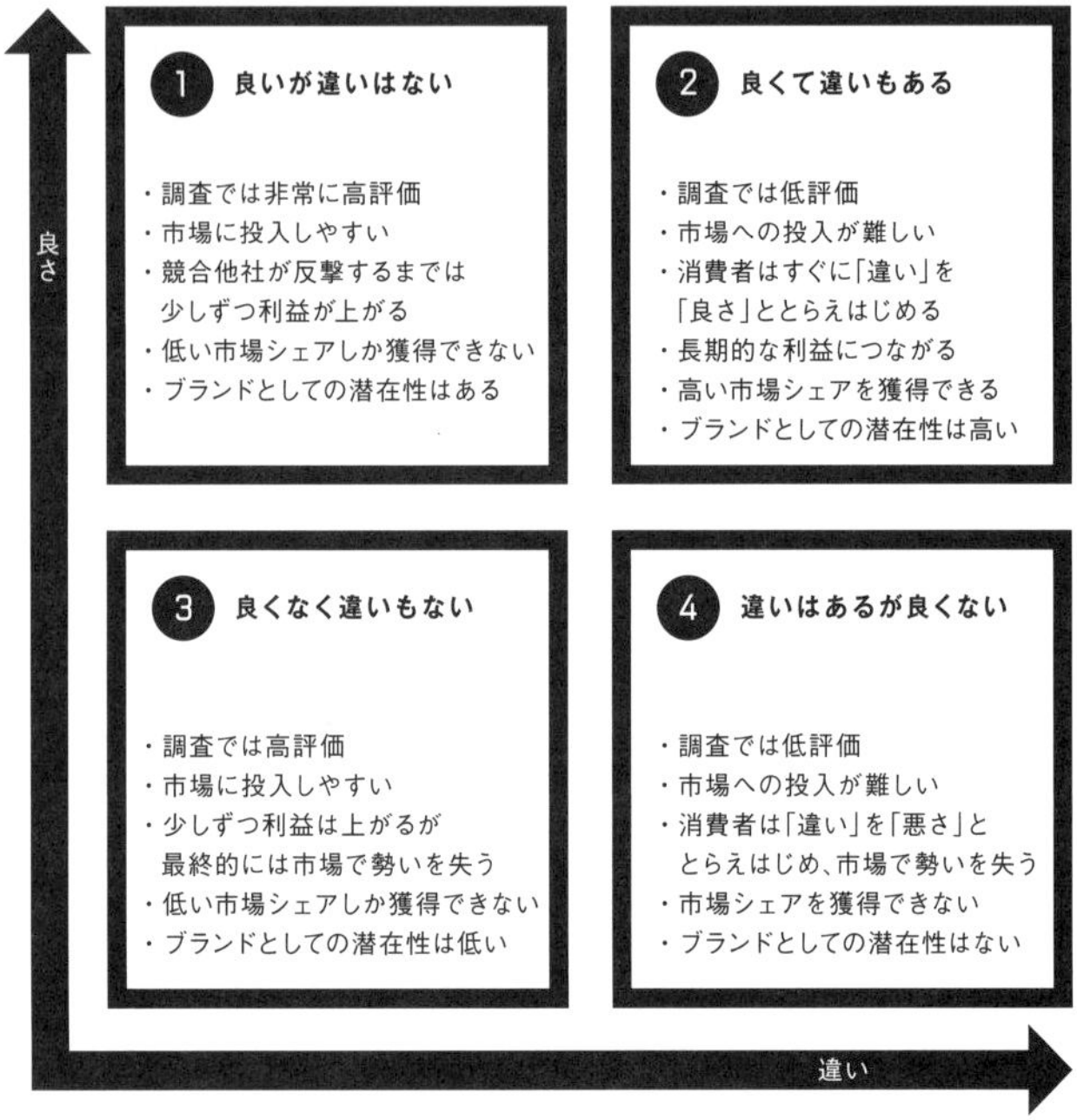
良さ
違い
1 良いが違いはない
・調査では非常に高評価
・市場に投入しやすい
・競合他社が反撃するまでは
少しずつ利益が上がる
・低い市場シェアしか獲得できない
・ブランドとしての潜在性はある
2 良くて違いもある
・調査では低評価
・市場への投入が難しい
・消費者はすぐに「違い」を
「良さ」ととらえはじめる
・長期的な利益につながる
・高い市場シェアを獲得できる
・ブランドとしての潜在性は高い
3 良くなく違いもない
・調査では高評価
・市場に投入しやすい
・少しずつ利益は上がるが
最終的には市場で勢いを失う
・低い市場シェアしか獲得できない
・ブランドとしての潜在性は低い
4 違いはあるが良くない
・調査では低評価
・市場への投入が難しい
・消費者は「違い」を「悪さ」と
とらえはじめ、市場で勢いを失う
・市場シェアを獲得できない
・ブランドとしての潜在性はない

「良さ × 違い」のマトリクスは、
消費者の意見を額面通り受け取るのではなく、
消費者の反応を
成功のパターンに結び付けるのに役立つ。

企業にとって左上がもっとも安心できる結果だというのは無理もないだろう。左上に位置する商品は評価が高く、「気持ち悪い」「醜い」「変わっている」「おかしい」といった否定的なコメントが「良い」コメントを上回ることはほとんどないからだ。しかし、消費者が否定的なコメントをしないのは、嫌いになるほど目新しい点や変わった点がないからだ。したがって、左上の商品は調査では非常に高評価かもしれないが、過激な差別化につながる可能性はほとんどないのだ。

マトリクスの左下、つまり「良くない」と「違いがない」の両方を満たす商品は、嫌われる点や誤解される点が少ないため、調査での消費者の受けはまずまずだ。この結果を受けて、企業は商品化を進めるかもしれないが、このような商品は需要も競争力もないため、最終的には失敗に終わる。

右下に位置する商品は、通常は実現することなく終わる。最初から負け犬だと分かりきっているからだ。そして、もちろんそのとおりだ。

しかし、このマトリクスの厄介な点は、成功の可能性を秘めた右上の商品と、右下の〝負け犬商品〟との区別が難しいということだ。線引きは非常に難しく、判断を誤ったときの影響は計り知れない。その違いを見分けるには、経験豊富なイノベータの力が必要になる。消費者の意見を、以前の成功パターンに結び付けることができる人物が必要なのだ。

BMWがミニクーパーの発売を決めたとき、アメリカ人は超小型車には興味がなく、むしろS

UVの新モデルを待ち望んでいるという調査結果が山のように出ていた。この「事実」を目の当たりにしたBMWの〝ザグ・マイスター〟たちは、ブレーキを踏むどころか、アクセスをいっぱいに踏み込んだ。その結果、新たな市場空間へと突き進み、高い利益を上げることができたのだ。

BMWの勇敢な人々には、物理学者のニールス・ボーア「ノーベル物理学賞受賞者」と多くの共通点がある。その昔、ボーアはひとりの物理学者を招き、科学者グループの前で論文を発表してもらった。その論文は、賛否両論を巻き起こす内容だった。発表が終わり、その物理学者に論文の評判を尋ねられたボーアは、こう答えた。「君の理論が狂っているという点では合意した。意見が分かれたのは、正しいという可能性が生まれるくらい狂った理論かどうかという点だ」。その点、ミニクーパーの発売を決めた人々も、狂っていた。もちろん、良い意味でだが。

〝空白〟を探す

市場空間のすきまを探すには、直観に反する能力が必要だ。人間の知覚システムは、そこにないものではなく、そこにあるものを認知するようプログラムされている。知覚論では、「そこにあるもの」と「そこにないもの」の違いは、「図」と「地」、または「正の空間」と「負の空間」と呼ばれている。芸術家は、この両方を同時に認識するよう訓練されているため、一般の人々が気付かない部分に気付くことがあるのだ。企業も、新しい市場空間を探すときには、芸術家の思考を取り入れる必要がある。というのは、新しい市場空間、つまり「空白」に目を向けることが、「ザグ探し」の秘訣だからだ。

空白部分に新たな市場空間を見つけ出し、成功した例としては、付箋紙（ポスト・イット）、環境音楽（ミューザック）、宅配レンタルＤＶＤ（ネットフリックス）、ミリタリー風の自動車（ハマー）、プレハブ・デザイナーズ住宅（「ドゥウェル」誌）、直販コンピュータ（デル）、地方空港同士を直接結ぶ航空路線（サウスウエスト航空）などが挙げられる。

しかし、業界に「存在しない」商品とはどのようなものだろうか。ドライブスルー方式の高級レストランはどうだろう？　ディナーを楽しめる映画館は？　空港の時間貸し仮眠室？　森の香りがするバーベキュー・ガス？　全国的なペットシッティング・サービス？　交換しやすいハロゲン電球？　ホワイトボード風のブランディング本*？　残念ながら、いずれもすでに取られている。

ドルとハート、
どちらが先に
見えましたか？

ニーズを明らかにする

クレイトン・クリステンセンとマイケル・レイナーの共著『イノベーションへの解』[1]では、空白を見つける強力なテクニックが提示されている。人々が片付けようとしているジョブ「解決すべき問題、改善したい状況」を探し出し、それを手助けするという方法だ。商品ベースのイノベーションとは対照的に、ジョブベースのイノベーションでは、まだ市販化されていない商品を容易にテストすることができる。

ジョブベースのイノベーションの成功例といえば、ドラッグストアで売られている10ドル老眼鏡だ。注文して眼鏡を作るには、数百ドルもの費用がかかるため、人々は余分な眼鏡を買うのを控えていた。このジョブが片付いていないことに気付く人が現れるまで、「激安老眼鏡」というカテゴリーは、完全な空白だったのだ。しかし、激安老眼鏡は、品質の面で通常の眼鏡に太刀打ちできるだろうか？　できない。だが、そんなことはたいした問題ではないのだ。通常の眼鏡の20分の1という値段にしては、充分に役に立つ。そのため、多くの人々が家の各部屋に眼鏡をストックするようになった。そして今や、激安老眼鏡は5億ドル規模の市場へと成長した。

プロクター・アンド・ギャンブル（P&G）社のA・G・ラフリーは、消費者のニーズをじっくりと見定めることで、会社に活力を与えることに成功した。同社が行なったのは、民族誌的な調査だ。調査員が消費者とともに行動し、消費者の習慣を間近で観察することで、ニーズを明らかにしたのだ。これが、スウィファー［日本で言うクイックル・ワイパーのような商品］という掃除用品の大きな成功へとつながった。調査員は、消費者が乾いた汚れのシミを掃除するのに、ほうきとちりとりで四苦八苦しているのに気付いた。そこで、そのジョブを片付ける方法を考案したというわけだ。「女性が何を求めているかを探り出して、それを与えるっていうのが、人生をうまくやるコツさ。私の35年間の結婚生活がそれを証明してる。もちろん、掃除についてもまったく同じだ」とラフリーは話す。ニーズを明らかにする場合に考えなければならないのは、まだ存在しない商品は何かということではなく、まだサービスを受けていない集団は誰かということだ。

　もちろん、トレンドの波に乗れば、ブランドはさらに勢いを増す。たとえば、スターバックスは、ヨーロッパ風のライフスタイルという波に乗った。アップル社のｉＰｏｄは、音楽のオンライン共有という波に乗った。チャールズ・シュワブは、個人に特化した投資という波に乗った。ホールフーズとトレーダー・ジョーズは、オーガニックな暮らしという波に乗った。ジャン＝ポール・ゴルチエのメンズ化粧品シリーズ、トゥ・ボは、男性の美意識《メトロセクシャル》向上という波に乗った。ＡＸＥボディ・スプレーは、それとは逆に、男らしさの追求という波に乗った。

パレードを見つける

私は、ある日の午後のことを今でもはっきりと覚えている。高校の野球部の練習を終えて家に帰った私は、キッチンへと向かった。冷蔵庫を開けると、びんがちゃがちゃと小さな音を立てる。ウィリー・キーラーのような才能がないと分かっていた私は、ミルクをがぶ飲みして憂うつを紛らわせた。

「ねえ、将来はどうするつもりなの？」と母が言った。

「分からない。リーダーになりたいと思ってる。何のリーダーになるかは決めてないけど」

彼女は少し考えて、こう言った。

「リーダーになるのは、そんなに難しいことじゃないわ。パレードを見つけて、その先頭に立てばいいんだもの」

父と母のアドバイスは、私のブランド書庫を支える一組の本立て《ブックエンド》となった。「誰もいないところを狙え」（差別化）と「パレードの先頭に立て」（トレンドを探す）というふたつのアドバイスは、ザグ探しの基本だ。次に必要なのは、ザグからハイパフォーマンスなブランドを作り出すプロセスだ。

PART 2

ザグをデザインする

システムとしてのブランド

私の前書『ブランドギャップ』では、ブランド構築が一連の孤立した活動ではなく、差別化、協力、革新、検証、育成という5つの原則を組み合わせて持続可能な競争力を養う〝五《ご》位《み》一体《いったい》〟のシステムであることを説明した[1]。本書『ザグを探せ！』の目的は、中でも「差別化」に焦点を絞り、このシステムのひとつを明らかにすることだ。

PART 1では、ザグ探しのヒントについて述べたが、PART 2では、ザグのデザイン・プロセスについて述べたいと思う。ここで言う「デザイン」とは、経済学者ハーバート・サイモンの言う「デザイン」と同じ意味だ。彼は、「現在の状態をより好ましいものに変えるべく行為の道筋を考案するものは、誰でもデザイン活動をしている[2]」と述べている。「好ましい状態」というのは、過激な差別化によって作られる魅力的なブランドのことであり、「行為の道筋」とは、ザグを作り上げるためのブランド戦略を指す。

あらゆるデザインは、手順的な思考ではなく、経験的な思考に基づいている。つまり、目標を達成するための決まった道のりや数学的な公式は存在しないということだ。とはいえ、何らかの基準やプロセスは必要だ。基準やプロセスがまったくなければ、考えがコロコロと変わってしまうだけだろう。それでは、「下手な鉄砲も数打ちゃ当たる」と何ら変わりがないのだ。

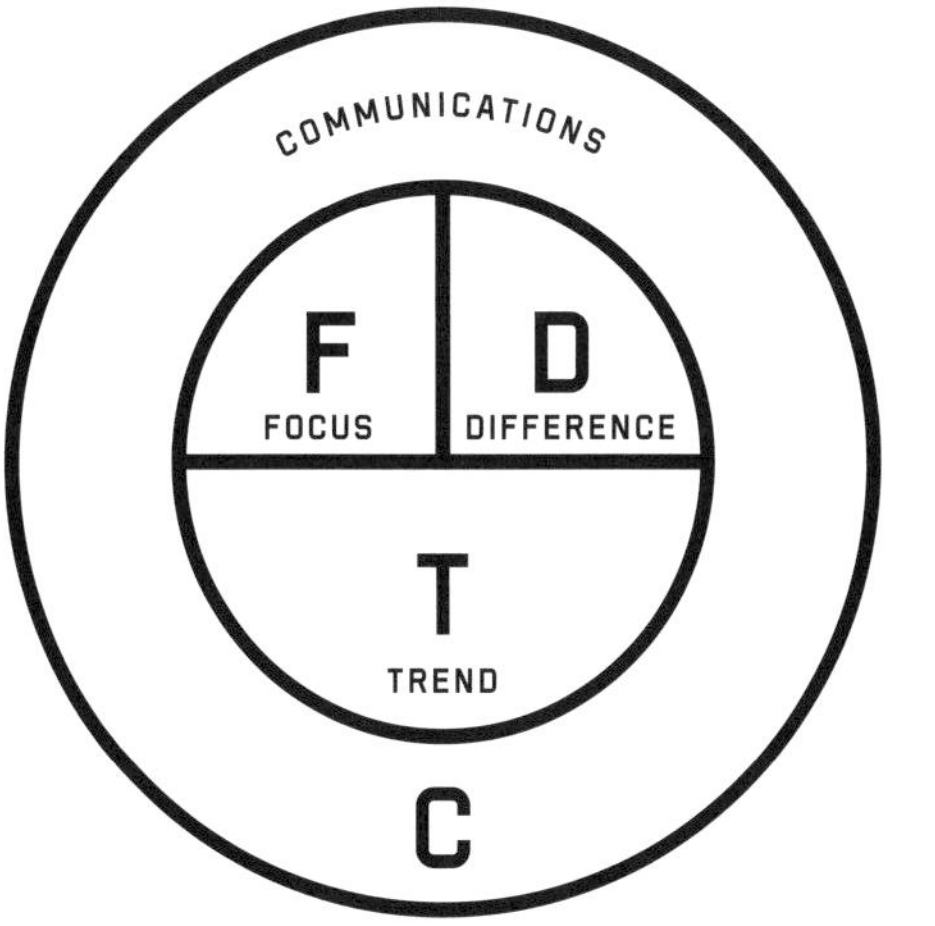

「フォーカス（Focus）」と「差別化（Difference）」に「トレンド（Trend）」が加わり、それを
説得力のある「コミュニケーション（Communications）」が取り囲めば、ザグの基本要素が揃う。

PART 2では、わがニュートロン社でクライアントにザグのデザイン・プロセスを指導するときに使っている17のCHECKPOINTについて説明する。各CHECKPOINTでは、差別化、フォーカス*［1つのことに的を絞ること。集中］、トレンド、コミュニケーションの4つの基本要素のいずれかを取り上げている。さらに、説明の冒頭には要素を示すアイコンを載せてある。

この17段階プロセスの仕組みを説明するために、私の会社がブランディング*のワークショップで使っている演習例も載せた。演習の目的は、架空のワインバー・チェーンのブランドを構築することだ。もちろん、この例があらゆるタイプのブランドに当てはまるとはかぎらないが、理論を実践へと移す足がかりとして、大いに役立つだろう。

CHECKPOINT ❶

あなたたちは何者か？

ブランド構築の最初のステップは、みずからを見つめなおし、エネルギーの源を探ることだ。競争のプレッシャーに揉まれながら、来る日も来る日も、来る年も来る年も、成功にエネルギーを注ぎつづけられるだけの経験、信頼、情熱がなければ、せっかく空白市場を見つけても意味がない。「喜びのおもむくままに行動せよ（Follow your bliss）」というジョゼフ・キャンベルの提言は、個人だけでなく、企業にも当てはまることなのだ。

この原則の正しさを証明するために、情熱がなくなるとどうなってしまうかを考えてみよう。90年代のドットコム・バブルの崩壊は覚えているだろうか？　情熱はストック・オプションにのみ向けられ、コミュニティの長期的な利益を目指す真の企業を築き上げようという情熱はほとんどなかった。その結果、〝ジャンク・ブランド〟が世に蔓延した。うわべばかりで、支えとなる真の価値がないブランドだ。ほどなくして経済が崩壊し、ジャンク・ブランドは姿を消した。投資家で哲学者のウォーレン・バフェットの言葉が、たちまち現実のものとなった。「潮が引けば、水着を着ているのが誰か分かる」

それとは対照的に、強い情熱を持つドットコム企業もある。グーグルだ。グーグルが多くの人々を豊かにしてきたのは、創業者が「Don't be evil（邪悪になるな）」という明確な道徳規範に従ってブランドを築き上げてきたからだ。このはっきりとした哲学のおかげで、グーグルはドットコム・バブルの崩壊を生き抜くことができただけでなく、従業員を刺激し、ユーザーを喜ばせ、投資家を惹き付けることができたのだ。誰も想像しなかった規模で。

では、あなたの会社はどうだろう？　あなたの会社にとっての情熱は？　それを浮き彫りにする方法がひとつある。C2社（サンフランシスコ）のコーポレート・ストーリーの専門家たちが、クライアントのビジョンを明確にするために行なっている実習だ。「今から25年後、あなたの会社が消滅することになりました。あなたはペンを取って、会社の死亡記事を書かなければなりません。後世の人々に、あなたの会社をどう伝えたいでしょう？」。この質問の答えは、「あなたたちは何者か？　あなたたちにとっての情熱は？　毎朝、何のために起きているのか？」といった重要な質問の答えでもある。

ワインバーの演習に移ろう。ワインバーの展開をともにするのは、数人の創業者だ。全員で情熱を共有している。ワイン、食、旅を愛し、その愛を世界中の人々と分かち合いたいと願っている。どんな壁も乗り越えられる強い情熱を持っているし、顧客、取引先、投資家を惹き付けるだけの経験や信頼も充分に備えている。CHECKPOINT 1はクリアだ。

社会

ZAG EXPRE

テイスティングス社、惜しまれつつ廃業

世界各国の数百万の人々にワイン文化を普及させてきたワインバー・チェーン、テイスティングス社（仮名）が、先週金曜日に最後の営業を終えた。同社は、二五年間にわたり、絶大な人気と成功を博してきた。

テイスティングス社は、ナパバレーに第一号店をオープンすると、サンディエゴ、ボストン、シアトル、マイアミへとチェーン展開し、全米に四〇〇店舗を構える企業へと急成長した。その後、またたく間にオーストラレーシア市場に展開し、最終的には南米、南アフリカ、東ヨーロッパにもブランドを展開した。同社によると、廃業時の総資産は一二億ドル超に上り、今後、発展途上国の教育、持続可能な農業、国際平和のために寄付する予定だという。

創業者は、「ワインの学びを通じて、世界をひとつにする」というシンプルな願いを込めてテイスティングス社を立ち上げた。その目標は、人々の会話、親ぼく、異文化理解を促し、「国際的なカフェ社会」を育むことだった。そして同社は、ワインのテイスティングを通じた学びを提供することで、顧客同士が体験を共有できる場を生み出すことに成功した。

一部のビジネス評論家は、西ヨーロッパなど収益性の高い市場に参入する余地はまだ残っていたのではないか、と疑問を呈している。これに対し、創業者はこう答える。「私たちは、予定より早く目標を達成することができた。世界にはどんどん温かい関係が生まれつつある。私たちの出番は終わったのだ」。

テイスティングス社は、いつまでも人々の記憶に残りつづけるだろう。

チャージの高騰とユーロ高により、すっかり欧州

減少傾向の喚起につながるかが、注目される。

き世帯増加のは、待機児童ゼ

住

の周祝日のと賠償なで、最高（辞苦座苦三日、住民側けた。住民側

CHECKPOINT 2

何をしているのか?

次にはっきりとさせなければならないのは、あなたのビジネスは何か、つまり核となる目的は何かということだ。核となる目的というのは、ジム・コリンズとジェリー・ポラスの共著『ビジョナリー・カンパニー』でいう「単なるカネ儲けを超えた企業の根本的な存在理由(3)」のことだ。つまり、あなたの企業にとって不変の意義ともいえる。たとえば、グーグルの目的は、世界中の情報を整理し、誰でもアクセスできるようにすることだし、ディズニーの目的は、人々を幸せにすることだ。両社はまったく異なる企業だが、「自分たちは何者か」「なぜこのようなビジネスをしているのか」についてははっきりと自覚している点では共通している。目的を明確に意識しなければ、企業は短期的な利益に飛びつくばかりで、長期的なアイデンティティを失いかねない。

ワインバーの創業者たちは、「ワインの学びを通じて人々をひとつにする」という簡潔で明確な目的を掲げた。目的を微調整する日が来るかもしれないが、「学び」という差別化のポイントについては、全員が合意している。あなたの会社の目的は、何字で表せるだろうか? 簡潔に表現できなければ、CHECKPOINT 1に戻るか、あとで再考してみよう。

Microsoft

マイクロソフト
すべての机とすべての家庭に
コンピュータを届ける

Cirque du Soleil

シルク・ドゥ・ソレイユ
世界中の人々の想像力をかきたて、
感覚を呼び覚まし、
感情を揺さぶる

Autodesk

オートデスク
アイデアをかたちにする
ソフトウェア・ツールを作る

Kellogg's

ケロッグ
より健康な世界のために
高品質な製品を作る

Kaufman & Broad

カウフマン・アンド・ブロード
人々の夢を叶える家を作る

Coca-Cola

コカ・コーラ
世界をリフレッシュさせる

CHECKPOINT ❸

ビジョンは何か？

企業の「核となる目的」は、将来的な方向性を示すもので、企業のタイトルに当たる。企業の目的は抽象的でもよいが、企業のビジョンは具体的でなければならない。ビジョンは未来予想図であり、社内全員で共有するイメージとなる。アリストテレスが「いかなるときも魂は表象《イメージ》を伴わずにはけっして思惟しない」[4]と述べたように、企業はビジョンがなければ行動できないのだ。

現代のビジネスの世界では、「ビジョン」という言葉が盛んにもてはやされているが、ビジョンと言っても「リーダー」のビジョンでしかない場合が多い。本当のビジョンとは、社員に押し付けるものではない。社内全員が共有する目的や情熱から生まれたものでなくてはならないのだ。リーダーの仕事とは、そのビジョンの輪郭をはっきりとさせ、人々にとって分かりやすく、覚えやすく、刺激的なものにすることだ。真のビジョンは、服従ではなく献身、注意ではなく信頼へとつながるものなのだ。

目的とビジョンの関係は、ピーター・センゲ著『最強組織の法則』で分かりやすく説明されている。彼はケネディ時代を例に取り、その目的は「人類の能力をさらに発展させ、広い宇宙を探索[5]」することだと述べている。一方、ビジョンは「1960年代の末までに月に到達する人間の姿[6]」であると述べている。人類が月の上に立ち、柔らかい砂地にアメリカの国旗を突き刺す光景は、誰でもイメージすることができるだろう。

明確なビジョンもなく、むやみに人々を駆り立てるのは危険だ。従業員はバラバラな目的を持って働くことになり、全員が共有する未来図を実現するために協力し合うどころか、部門という殻に閉じこもりがちになる。これでは、混乱、不安、不信が広がるだけだ。

それでは、ビジョンを形作るにはどうすればよいのだろうか？　ストーン・ヤマシタ・パートナーズ社の〝ビジョン・デザイナー〟たちは、ビジョンを具体的な〝モノ〟にするよう勧めている。パンフレット、台本、スピーチ原稿など、ビジョンを外部の世界に発信できるものなら何でもかまわない。ビジョンを紙面にすれば、その欠点が一目瞭然になるだろう。そうしたら、そのビジョンを改良し、組織のゆるぎない決意を作り上げることができるのだ。

ワインバーを見てみよう。創業者たちは、会社の未来図を懸命に描いているところだ。アメリカ中のすべての学園都市に、少なくともひとつのテイスティングス社（社名は未定）を設立する。バーには１００種類に及ぶ世界各国のワインを置き、すべてグラスで注文できるようにする。店には常に新しい品種や産地のワインを取り揃える。そして、人々は楽しそうにワインを学び、ワインを語り、食、旅、文化の体験談を交わす。

CHECKPOINT 4

捕らえているトレンドは？

これまでの3つは、ザグを構築するうえでのフォーカス*の役割を見てきた。ここからの5つは、フォーカスがその強力な対となる差別化とどうつながっているかを説明したいと思う。しかし、その前に、ちょっとだけ休憩して、フォーカスと差別化の原動力となる「トレンド」の役割について考えてみよう。

トレンドを利用しなくても、ブランドを構築することはできるが、ザグの強力なエネルギーを活かすには、トレンドが重要な要素となる。フォーカスと差別化に、トレンドという後押しが加われば、愛やお金よりも人々の心をつかむカリスマ性のあるブランドが生まれる。サーフボードの上にいても、パドリングするのと波に乗るのとでは大違いだ。

あなたは、どのようなトレンドに乗ることができるだろうか？　世の中にはありとあらゆるトレンドがある。業界、地域、サブカルチャーによって、独自のトレンドが生まれるからだ。勢いを失ったトレンドが、新たなトレンドへと生まれ変わる場合もある。50年代に、バラード歌手が数々のロック・スターに人気を奪われたのがその例だ。また、テクノロジーのイノベーションによってトレンドが生まれる場合もある。たとえば、合成繊維のケブラーは、繊維の製造に革命を

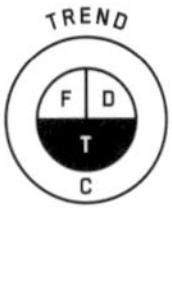

小型化
オーガニック食品
本物志向
エコ生活
美容
長寿社会
リアルタイム・
コミュニケーション
パーソナルユース
オープン化
オンデマンド
男性の美意識向上
スローフード
個人制作
セルフサービス
心の健康

持続可能性
グルメ
シンプル
ヘルスケア
ノスタルジア
環境責任
ハイデザイン
プチ贅沢
スピリチュアル
プロ仕様ツール
モバイル
アウトソーシング
双方向
エンターテイメント
ペット・サービス
オンライン・
ショッピング

もたらした。民主主義のように、数百年間にわたって勢いを保ちつづけるトレンドもあるが、ボディ・ピアスなどは、ファッションの歴史書の片隅に記載されるだけの一時《いっとき》のトレンドで終わるかもしれない。トレンドの波に乗っている企業の例としては、サムスン（デザイン性の高い家電製品）、アンソロポロジー（選りすぐりの衣料品）、プログレッシブ保険（セルフサービス式の保険）、ディーン&デルーカ（高級食料品）、アヴェダ（地球に優しい高級化粧品）、デザイン・ウィズイン・リーチ（ネオモダンな家具）、フォルクスワーゲン（「ガラス張り」工場と自動車リサイクル施設を設立）などが挙げられる。ハイパフォーマンスなブランドの中身を調べてみると、必ずと言っていいほど、トレンドを原動力にしているのだ。

ブランドが2つ以上のトレンドに乗った場合、トレンドの威力はさらに高まる。本書で例として挙げている架空のワインバーは、いくつものトレンドに乗ろうとしている。ワインの民主化、海外旅行、持続可能な農業、プチ贅沢、グルメ志向といったトレンドだ。また、少し工夫すれば、統合テクノロジー、エクスペリエンス・デザイン*、セルフサービス、免税といったトレンドに乗ることもできる。また、低価格ワイン、原産地呼称ワイン、コルク不使用といった業界のマイクロトレンドに乗ることもできるだろう。

トレンドは、どんな船をも押し上げてしまう波なのだ。

CHECKPOINT 5

ブランドを取り巻く状況は？

ブランドは孤立して存在するわけではない。企業を突き動かす情熱、目的、ビジョンは、企業同士で似たり寄ったりの場合もある。あなたはこれまでに、企業文化のよりどころとなるさまざまな基本的価値観を目にしたことがあるはずだ。そのような価値観を詳しく調べてみると、業界全体を通じておよそ12種類に分類できることが分かる。それは、「イノベーティブ」「市場主導型」「顧客中心」「倫理的」「即応的」「コラボレーティブ」「信頼できる」「品質重視」「進歩的」「積極的」「責任ある」「楽観的」といった価値観だ。あなたの企業文化には、どの言葉が当てはまるだろうか？　4つ選んでみてほしい。

これらはいずれも立派な価値観だが、ザグをデザインするうえで重要なのは、企業がいかに立派かということではなく、いかに「ユニーク」かということだ。したがって、ここからはフォーカス*の世界をあとにし、差別化の世界に足を踏み入れよう。

競争の存在するカテゴリーには、必ず勝者と敗者が生まれる。ブランド構築の場合、勝ち負けは相対的だ。というのも、ひとつのカテゴリー内に3つ、4つ、あるいはさらに多くのブランドが共存し、それぞれ利益を上げている場合があるからだ。しかし、面白いことに、競争の存在するカテゴリーでは、おきまりの階層構造ができあがる傾向がある。

成熟したカテゴリーでは、1番手のブランドの市場シェアが2番手のブランドの約2倍、2番手のブランドの市場シェアが3番手のブランドの約2倍、3番手のブランドの市場シェアが4番手のブランドの約2倍……（市場シェアが0になるまで続く）となっている場合が多い。より多くの競合相手がひしめき合うカテゴリーでは、この比率が2倍より小さな値になる場合もあるが、階層構造はこれと変わらない。

この現象は、ネットワーク理論家たちの言う「べき乗則」に従っている。これは、なぜ成功が成功を呼ぶか、つまりなぜ「金持ちはますます金持ちになるか」を表す法則だ。べき乗則の世界では、市場シェアの階層構造は消費者の手に委ねられる。消費者が、集合的に企業の成功順位を決めるのだ。成功順位は、2つの要素によって決まる。1つ目が企業の「出生順位」だ。これには、盛んにもてはやされている「先行者利得（最初に市場セグメントを占有した者が得る利益。First-mover Advantage）」が含まれる。そしてもう1つが「優先的選択（Preferential Attachment）」だ。これはネットワーク理論家の言葉で「人気」を意味する。ポジショニング*の専門家、ジャック・トラウトとアル・ライズの台詞にもあるように、最大の勝者は、市場に一番乗りしたブランドではなく、人々の心の中に一番乗りしたブランドなのだ。

べき乗則の存在を考えると、大半のカテゴリーで占める価値のある位置は、1番手と2番手く

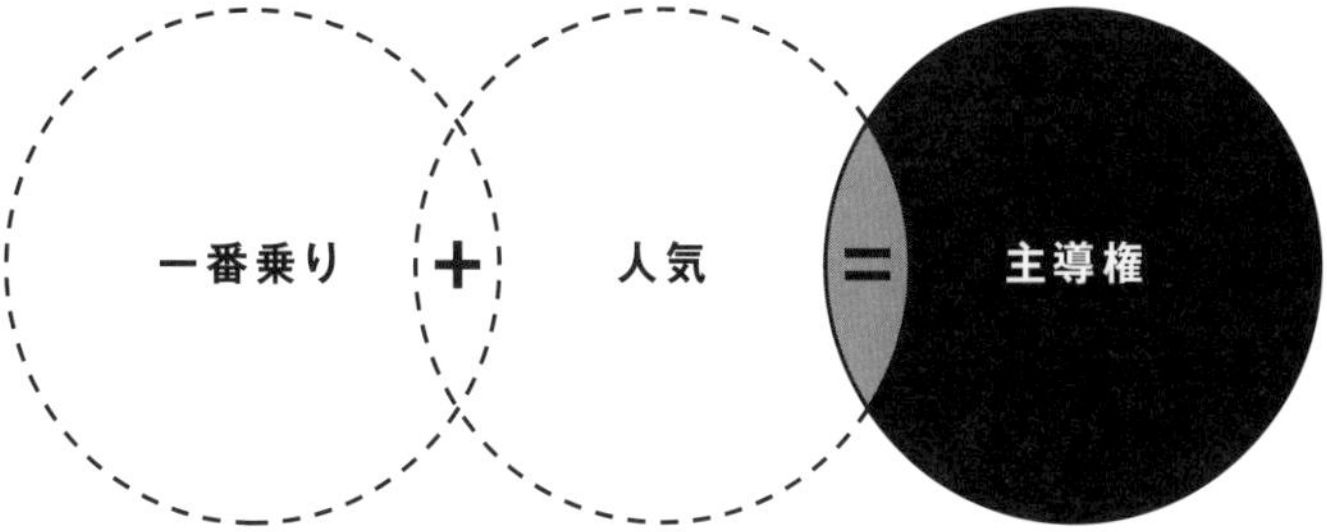

らいだ。3番手は、2番手の座を狙うという意味ではまだ意義のある位置かもしれない。しかし、4番手以下となると、一般的には上位3強と競争を繰り広げるよりも、新しいカテゴリーを開拓する方が得策だ。本書77ページに、べき乗則がトップ・ブランドにとって有利に働く状況を一覧した。どうやら、1981年当時のジャック・ウェルチは、市場の主導権の法則をはっきりと理解していたようだ。彼は、GE社のビジネス・リーダーたちに、カテゴリーの1番手でも2番手でもない部門を「修正するか、売却するか、閉鎖する」よう指示したのだ。

　ブランドの主導権を左右するべき乗則は、上のシンプルな式で表すことができる。

　特にべき乗則の影響を受けやすいのは、技術、産業、社会ネットワークで「ハブ（中心軸）」の役割を果たしているブランドだ。マイクロソフトが市場で不動の地位を築いているのは、新たなOS規格が市場で必要とされていないからだ。同じ理由から、マイクロソフトがポータブル・ドキュメント分野でアドビの座を奪うのは難しいだろう。PDF規格ひとつで充分だからだ。

それでは、ワインバーはどうだろうか？　どのカテゴリーでトップになろうとしているのか。ワインを学ぶバーのチェーン展開というのは新たなコンセプトであるため、新しいカテゴリーの一番乗りになれる可能性は高い。そうなれば、短期的にはトップの座が保証されるだろう。しかし、競合他社がカテゴリーに参入しはじめてからも、長期的にトップでありつづけるためには、べき乗則の2つ目の要素、つまり「人気」を獲得しなければならない。

もちろん、新たなカテゴリーを確立するまでにも、ワインバーはある程度の競争にさらされるだろう。初めのうちは、従来型のバー、セルフサービス・ワインバー、テイスティング・ルーム、ワインショップ、レストランといった既存の店舗と競争しなければならない。したがって、ワインバーを展開する前に「ザグ」をしっかりとデザインしておかなければならないのだ。

トップ・ブランドに有利な状況

1. **カテゴリー**が混沌としている場合（携帯電話など）
2. **比較**が難しい場合（広告代理店など）
3. **価格**が高い場合（自動車など）
4. **関心**が低い場合（食卓塩など）
5. **標準規格**が必要な場合（OS など）
6. **ベネフィット**があいまいな場合（銀行など）
7. **特徴**が技術的・専門的な場合（薬剤など）
8. **利点**が不明確な場合（宝石など）
9. **リスク**が高い場合（法律事務所など）
10. **名声**が重視される場合（ファッションなど）

あなたたちの「唯一性」とは？

次の文章を完成させてみよう。「私たちのブランドは、（　　）、唯一の（　　）である」。1つ目の空欄では、ザグの内容を説明してほしい（例：ナポリ風の味がする、持続可能性に配慮した家具を販売する、家庭を訪問する）。2つ目の空欄には、カテゴリーの名前を入れてほしい（例：冷凍ピザ、家具店、コンピュータ修理サービス）。簡潔に表現できなかったり、「唯一」という言葉が使えなかったりする場合は、ザグがないことになる。その場合は、同じ主張が成り立つ競合他社をリストアップし、いずれとも違う戦略に切り替えるのが最善だ。

ザグは単なる差別化ではなく、「過激な」差別化であるということを思い出してほしい。私の地元の銀行は、「1878年からのお付き合い」というタグライン*［ロゴに添えるメッセージ］が書かれた15メートルのポスターを掲示した。こんなポスターを作るくらいなら、予算は預金口座に入れておいた方がずっといい。「1878年」も「お付き合い」もザグではないからだ。一方、シティバンクは、「豊かに生きよう」というタグラインと、「保証のある投資効果をお望みなら、花を買いましょう」というコピーで、自社を銀行の対極に位置付けた。これこそ、ザグだ。「唯一性」は、ザグがあるかどうかを確かめる基準となる。自分たちが「唯一」の何かであると

DIFFERENCE F D T C

断言できないなら、初心にかえって考えなおすべきだ。

それでは、ワインバーのコンセプトは唯一性のテストに合格できるだろうか？ 試してみよう。「私たちのブランドは、ワインの学びを通じてコミュニティを築き上げる『唯一』のワインバー・チェーンである」。うまくいった。このシンプルな文章の中に、ブランドを差別化する3つのユニークな要素が入っている。1つ目は、独立した店舗ではなくチェーン店舗だという点。2つ目は、顧客にサービスを提供するだけでなく、コミュニティを築き上げるという点。そして3つ目は、楽しみだけでなく、学びを提供するという点だ。

基本がつかめたところで、唯一性を突き詰めるさらに詳しい演習を行なってみよう。これは、物語のジャーナリズム・モデルに似ている。自分たちのカテゴリーは「何（What）」か？ ほかと「どのように（How）」違うか？ 顧客は「誰（Who）」か？ 顧客は「どこ（Where）」に存在しているか？ 顧客が自分たちを必要とするのは「いつ（When）」か？ 必要とされるのは「なぜ（Why）」か？

ハーレーダビッドソンの場合

何……………唯一のオートバイ・メーカー

どのように……大音量で迫力のあるオートバイを作る

誰……………男らしい（男らしさに憧れる）男性

どこ…………主にアメリカ

なぜ…………カウボーイの集団に加わりたいから

いつ…………個人の自由がますます失われている時代

ウィート・モンタナの場合

何……………唯一の小麦販売業者

どのように……お店で自分で製粉できる小麦を販売する

誰……………家で本格的にパンを焼く人々

どこ…………アメリカ

なぜ…………挽きたての小麦粉でパンを焼きたいから

いつ…………「スロー・フード」への関心が高まっている時代

ザ・ホワイト・ストライプスの場合

何……………唯一のポップ音楽デュオ

どのように……粗雑なのにクールなロック音楽を作る

誰……………都会の若者

どこ…………アメリカやそのほかの先進国

なぜ…………本物を求めているから

いつ…………手の込みすぎた〝似たもの音楽〟にあふれている時代

フーターズの場合

何……………唯一のレストラン・チェーン

どのように……セクシーさを売りにしたウェイトレスを雇っている

誰……………若い男性客

どこ…………アメリカ

なぜ…………性的欲求を満たしたいから

いつ…………政治的公正《ポリティカル・コレクトネス》が厳しく求められている時代

この形式を利用すると、細部まで突き詰めることができる。カテゴリー（「何」）や差別化のポイント（「どのように」）を鮮明にできるだけでなく、顧客を分類し（「誰」）、市場を特定し（「どこ」）、ニーズに焦点を合わせ（「なぜ」）、トレンドを明確化する（「いつ」）ことができるのだ。

ワインバーの場合

何……………**唯一のワインバー・チェーン**
どのように……**学びを通じてコミュニティを築き上げる**
誰……………**お酒を飲む男女**
どこ…………**アメリカの大都市や先進的な町**
なぜ…………**ワインについて詳しく学びたいから**
いつ…………**文化に対する意識が高まっている時代**

唯一性は、ザグをデザインするための枠組みとなる。差別化のポイントを明らかにすることができれば、企業は将来のあらゆる意思決定の判断基準を手に入れたも同然だ。新たな意思決定を行なうときは、ここであなたが書いた唯一性の文章と照らし合わせてみよう。そうすれば、その決断がブランドにとって有効なのか有害なのか、ブランドのフォーカス*を強化させるのか降下させるのか、ブランドを洗練させるのか変遷させるのかがたちどころに分かるはずだ。

私たちの□は、
□、
唯一の□である。

ZAGAT
SURVEY
GUSS
PICKLES

大都市の専門店も
小都市の総合店も、
必ず同じ原則に従う。
競争が広ければ広いほど、
フォーカスは鋭くなる。
競争が狭ければ狭いほど、
フォーカスを失う。

CHECKPOINT 7

足し引きすべきものは何か?

ブランドを構築するうえでもっとも重要な原則のひとつは、「整合性確保《アラインメント》」の強化だ。残念ながら、この原則は守られているケースよりも守られていないケースの方が多い。なぜだろうか? 人間は、引き算よりも足し算の方が得意だからだ。私たちは、新たな構想を開始し、次々と発展させていくのが「大好き」だ。逆に、「ノー」と言われるのは「大嫌い」だ。しかし、整合性確保の原則を守るためには、過剰なくらいのフォーカス*と自制心が必要なのだ。

ブランドの整合性確保とは、ビジネス戦略をカスタマー・エクスペリエンス*に結び付けることを意味する。つまり、明確に定められたザグと、企業のあらゆる行動を整合させるということだ。部品が余ったり、〝一匹狼〟の商品を提供したり、発言と行動が食い違ったりしてはならない。整合性確保に成功すると一貫性が生まれるが、失敗すると予算を無駄にするはめになる。

私の会社のワークショップでは、「切り捨てゲーム」という手法を使って、ブランドの整合性確保の演習を行なっている。この演習では、まず参加者のチームが有名なブランドをひとつ思い浮かべる。次に、そのブランドがほかのブランドと比べて異なっている点や優れている点を挙げる。そうしたら、そういった点と整合性のない要素を切り捨て、ブランド本来の価値のみが残るまでそぎ落としていく。この作業を終えてはじめて、チームはブランドのフォーカスを絞る新たな要素を提案する。たとえば、ラルフ・ローレンの「ポロ」ブランドを「アメリカ上流階級のクラシックな衣服」と位置付けたとしよう。ブランドの整合性を高めるために、衣服と装飾品だけを残して、愛犬用ポロ、ペイント・ポロ、家具、テレビ番組、雑誌、レストランは切り捨てるよう提案する。次に、旅行かばんや乗馬服といった新たな要素を提案するといった具合だ。

基本原則はシンプルだ。ブランドに新たな要素を追加することによって、より強力な競合他社との競争を迫られるなら、考えなおすこと。エネルギーの無駄であるだけでなく、顧客を混乱させる恐れまであるからだ。

GMのケースを考えてみよう。GMは少し前、キャデラック・ブランドの自転車を展開するために、自転車メーカーのケント・インターナショナル社にロゴのライセンスを与えた。キャデラックの担当者はこう話す。「(お客様の)キャデラックに対する先入観をくつがえすには最善の方法です」。ごもっとも。今や顧客たちは、キャデラックを高級自動車・高級自転車のブランドと考えているようだ。なぜ、本来の目的を貫き、より優れた高級車を作ろうとしないのだろう。まだまだ発展の余地は残っているのに。IBM社の元CEO、ルイス・ガースナーは、「どこに向かっているのか分からなければ、どの道を行ったって同じだ。どこかへはたどり着く」という言葉を口癖にしていた。キャデラックは、道の真ん中で分かれ道を見つけ、曲がってしまった。

どちらがキャデラック？

では、ワインバーの整合性を高めるにはどうすればよいだろうか？　もちろん、まだコンセプトの段階なので、ミスの修正や要素の切り捨てを行なうことはできない。しかし、いくつかの固定観念を「あらかじめ切り捨てる」ことはできる。たとえば、ワインの値段は1杯7ドルくらいで当然という固定観念。誰がそんなことを決めたのだろう？　ブランドのベースは「ワインの学び」なのだから、1杯7ドルもすれば、〝学生〟は大学の学費よりも高い出費を強いられてしまうかもしれない。それなら、〝学習用ワイン〟を1杯2ドルで提供したらどうだろうか？　また、ワインは必ずボトルで提供するものだという固定観念もある。しかし、学習用ワインを、酸化を遅らせる容器に入れたらどうだろうか？　あるいは、ヨーロッパの一部で行なわれているように、お客さんに空のボトルを持参してもらうのは？　そうすれば、ステンレスタンクから「新鮮なワイン」をより安い値段で配ることができる。さらに、ワインバーは、石、生木《なまき》、ガラスをふんだんに使ったワイナリーのような外観でなければならないという固定観念もある。誰がそんなことを決めたのだろう？　ワイナリーではなく、大学の図書室のような雰囲気にしたらどうだろうか？

ザグを探す最短の道は、競合他社の行動を研究し、それとは違うことをするということだ。いや、「まったく違うこと」を。

CHECKPOINT 8

ブランドを愛するのは誰か？

あらゆるブランドは、コミュニティによって作られる。企業内の人々のコミュニティだけではなく、取引先、業者、投資家、顧客、顧客以外の人々、さらには競合他社さえもブランド作りに貢献しているのだ。与える人と受け取る人が輪になって、完璧な生態系《エコシステム》を構成している。すべての人が何らかの役割を果たし、すべての人がその労力の恩恵を受けるべきなのだ。

それを証明するエピソードを紹介しよう。

私は、ほぼ毎朝、カフェ・ラテを飲むために犬を連れて近所のカフェに出かける。私がラテを飲んでいるあいだ、飼い犬のブードルズはビスケットを食べる。カフェは、ショッピング・モールにある家族経営のごく平凡なお店だ。床はコンクリートがむき出しで、壁には素人の撮った写真がずらりと並んでいる。店の一方にはくたびれたソファーがいくつか置かれていて、その反対側には大きなコーヒー焙煎機。そして、店の前は駐車場だ。店を経営しているのは、愛想のいい中東部の夫婦だ。クリスマスに半休を取るほかは、年中無休で働いている。

初めてお店を訪れたとき、私の目の前には長い列ができていた。しかし、驚くことに、列はすんなりと進んだ。それだけでなく、全員が知り合いのようだった。何度か通ううちに、その理由

FOCUS
F D
T
C

が分かりはじめた。店には「ロイヤルティ・プログラム」*があったのだ。10杯分の値段で12杯のドリンクが飲める紙のカードを売っていた。店員はカードに客の名前とドリンクの名前を書き込み、注文のたびにパンチで穴を開ける。

この仕組みのおかげで、客はみんなに名前を覚えられ、すぐにほかの客たちの名前も知るようになる。さらに、店員は客の車もだんだん覚えていく。そして、客が駐車場に車を駐めただけで、誰が来たのかすぐに分かるようになる。だから、客が列の先頭まで来るころには、ドリンクができあがっているというわけだ。次第に、客たちは集まっておしゃべりをするようになる。ソファーでも、テーブルでも、店先でも。

スターバックスの視察団も、当然のことながらそのカフェの賑わいに気付いた。そして、同じブロックに豪華な内装の店舗をオープンした。私は覚えている。あなたは、2001年9月11日のあの瞬間、どこにいたか覚えているだろうか？ 私は覚えている。ちょうどカフェの駐車場に車を駐めようとしているところだった。それは、スターバックスの新店舗がオープンして数週間後のことだった。ある考えがふと脳裏をよぎった。なんてかわいそうな夫婦なんだ。スターバックスの新店舗と、それに対する抵抗。かなうはずがない。それならせめて、私だけでもこの店を応援しよう。雨が降ろうが槍が降ろうが、次もまたこの店に来よう。しかし、車を駐車場に駐めると、私は思わず口を広げた。客の列がドアの外まで伸び、建物をぐるりと取り巻いていたのだ。

これほどの忠誠心《ロイヤルティ》を生み出したのはいったい何だろうか？　なぜ、これほどちっぽけな店舗が、スターバックスもうらやむほどのコミュニティを築き上げたのだろうか？　答えは簡単だ。与える人と受け取る人の輪だ。店のオーナーは、つつましい暮らしができるように、一生懸命働く。客は、新しい友人を作るために毎日店に来る。フリーランスのパン職人は、客が喜んでお金を使ってくれるように、特製のペストリーを焼く。賃貸人は、ほかのテナントに借り主を惹き付けるために、カフェの家賃を安くする。私はラテが飲めるし、ブードルズはビスケットが食べられる。一方のスターバックスは、同じブロックでありながらささやかな利益しか上げることができなかった。

ワインバーも、同じような考え方で利益を上げることができるだろうか？　顧客は、コミュニティに参加することで何を得ることができるだろう？　従業員は？　ワインの生産者は？　隣接する店舗は？　地元の警官は（たびたび出動しなければならないかもしれない）？　地元の教育システムは？　コミュニティの慈善団体は？　ブランドの構築に力を貸す投資家、取引先、業者は？　そして、ワイン業界全体にはどんな利益がある？　システムを健全に保ち、成長させつづけるには、すべての人々が貢献し、すべての人々がその恩恵を受ける必要があるのだ。

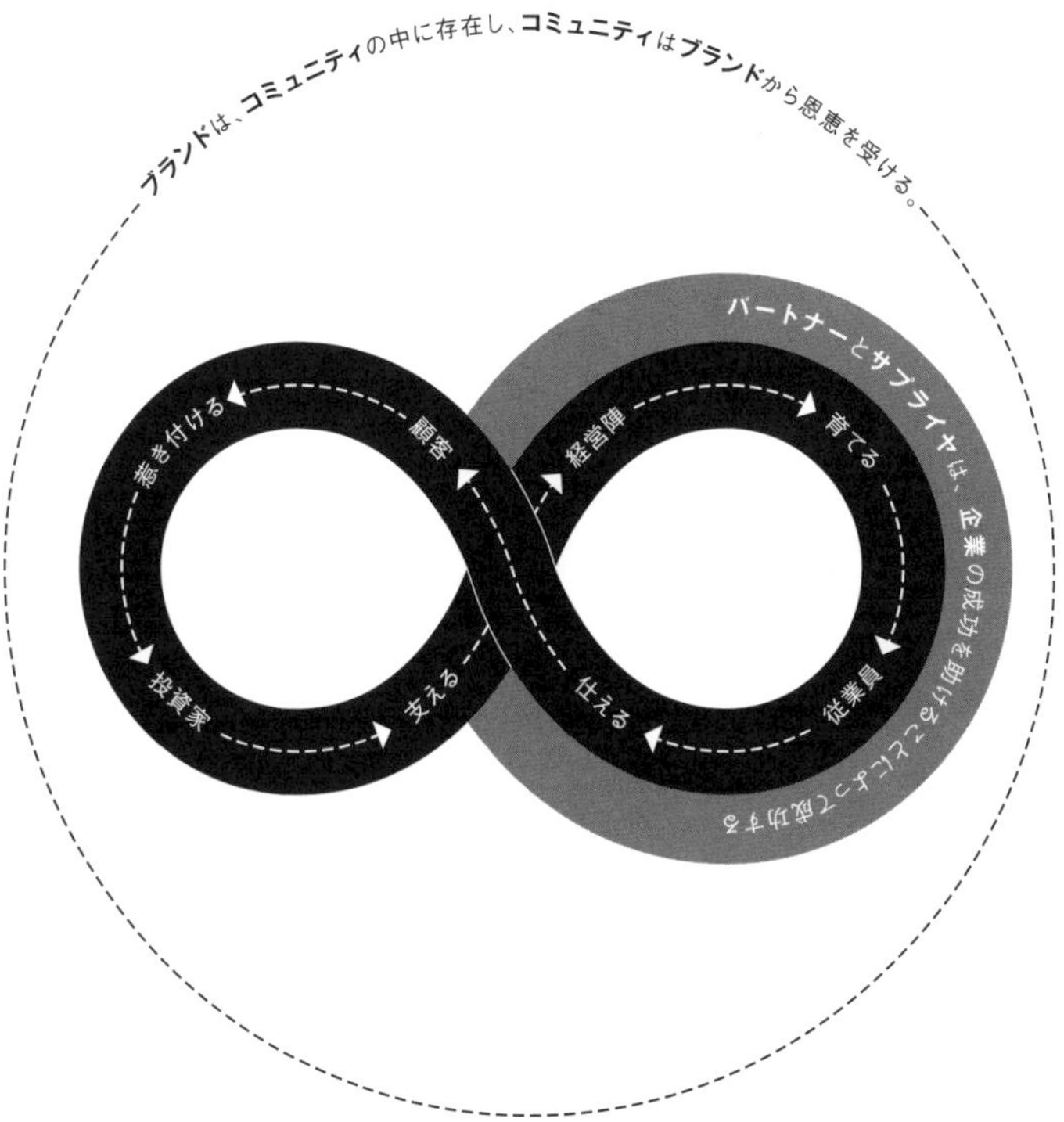
ブランドは、コミュニティの中に存在し、コミュニティはブランドから恩恵を受ける。
パートナーとサプライヤは、企業の成功を助けることによって成功する
顧客
惹き付ける
投資家
支える
経営陣
育てる
従業員
仕える

ブランドは、すべての人が貢献し、
すべての人が恩恵を受ける
生態系（エコシステム）の一部である。

CHECKPOINT 9

敵は誰か？

あらゆる人と友達になることはできない。あらゆる人にいい顔をして誰も喜ばせることができないくらいなら、立ち上がって戦うべきだ。その場合、もっとも巨大で成功している競合他社を相手にしよう。なぜか？　巨大企業を相手にするには、過激な差別化の「過激」の部分が不可欠になってくるからだ。ブランドの歴史を見れば、ダビデでさえゴリアテを相手にし、しかも勝つことができるという証拠は山のようにある。エイビスはハーツと戦い［ともにレンタカー会社］、アップルはＩＢＭと戦い、小型のミニは大型のＳＵＶと戦っている。目的は、トップ企業を打ち負かすことではなく、対比の原理を利用して、ザグを明確にすることだ。

競合他社だけが敵とはかぎらない。敵は時代遅れの方法である場合もあるのだ。それを堂々と指摘しよう。経理を自分で行なっている医者には、利益を半分失っているかもしれないと指摘すること。1泊200ドルのホテルに泊まっている旅行者には、2倍も余分なお金を支払っているかもしれないと指摘すること。そして、ソフトウェアの代わりにファクスや付箋紙を使っているサプライ・チェーン担当責任者には、数百万ドルものコストを無駄にしているかもしれないと指摘しよう。

COMMUNICATIONS
F D T C

ワインバーにとって、敵とはいったい何だろうか？　ワインの魅力につけ込んで値段をつり上げ、人々を怖じ気づかせる、偉そうなワイン通たちかもしれない。そこから革命を始めよう。

ゴリアテがいなければ
ダビデもただの人。

CHECKPOINT ⑩

何と呼ばれているか？

ブランドにとってもっとも価値ある財産がもっとも軽視されているというのは、マーケティング業界の皮肉な事実のひとつだ。その財産とは、名前である。名前が軽視されるのはなぜだろうか。新商品、新サービス、新会社の名前は、マーケティング・チームが配置される前にすでに決まっていることが多いからかもしれないし、創業者が、自らの子孫に名前を付けるのは起業家の特権だと考えているからかもしれない。あるいは、ネーミングに失敗したブランドがいかに高く付くか、ネーミングに成功したブランドがいかに勢い付くかに気付いていないからかもしれない。

ふたつの企業を想定してみよう。いずれの企業も、競争の激しい個人向けエレクトロニクス機器の市場で戦っている。1社は「パーソナル・メディア・デバイス」という名前で、もう1社は「ユーボップ（Yubop）」という名前だとしよう。

パーソナル・メディア・デバイス社の創業者はこの社名にとても満足している。「社名がすべてを物語っている。名前を聞けば、何を販売している会社かすぐに分かる」と役員は言う。

ここで、時計を早送りして、5年後の両社を見てみよう。パーソナル・メディア・デバイス社は、インターナショナル・メディア・デバイス、パーソナル・メディア・システムズ、インターナショナル・メディア・マシーンズといった名前の企業とますます熾烈な競争を迫られている。さらに、消費者は「パーソナル・メディア・デバイス」という長い社名を口にするのに疲れて、「PMD」と略して呼ぶようになった。新しい顧客たちは「PMD」が何の略なのか分からないうえ、PMC、DMD、PDMといった同じような略語の社名と区別がつかず、混乱してしまう。さらには、IMD、PMS、IMMといった競合他社とも区別が付かない。あなたは混乱しただろうか？　もしそうなら、PMDの顧客も同じだ。

PMD社は、競合他社との差別化を図るために、広告やPRに膨大な費用をかけ、PMDこそが最初に設立された最良の会社だと宣伝している。それでも消費者は、自分の買いたかった商品がPMD社のものなのか、PMC社のものなのか思い出せない。PMDは、競争に勝つために、価格を下げ、さらには広告予算まで削減しなければならなくなった。そのあいだに、ユーボップという競合相手がPMDの脅威となっていた。

当初、この名前を提案したユーボップの創業者は、大きな批判を受けた。ある投資家は、「真面目な企業とは思えない」と非難した。それでも、簡潔で、独特で、ドメインが取得しやすいことから、この名前の採用を決めた。

5年後、ユーボップは日常語にまで浸透する。「フー・ボップ？（Who bop?）」というタグライン*は広告でお馴染みのフレーズとなり、日常会話で盛んに使われるようになった。クリエイテ

強い名前・弱い名前 Part 1

カテゴリー	強い名前	弱い名前
銀行	Citibank シティバンク	First Bank & Trust ファースト・バンク&トラスト
映画スタジオ	Dreamworks ドリームワークス	United Artists ユナイテッド・アーティスツ
運送	FedEx フェデックス	DHL ディー・エイチ・エル
SUV	4Runner フォーランナー	Touareg トゥアレグ
スキンケア	Olay オーレイ	Noxzema ノグゼマ
農機具	John Deere ジョン・ディアー	AGCO アグコ
投資	Charles Schwab チャールズ・シュワブ	Wachovia ワコビア
雑誌	dwell ドゥウェル	Architectural Digest アーキテクチュラル・ダイジェスト
スポーツアパレル	Under Armour アンダーアーマー	InSport インスポーツ
キャットフード	Meow Mix ミャオミックス	Eukanuba ユーカヌバ
路線バス	Greyhound グレイハウンド	Intercity Transit インターシティ・トランジット
PDA	BlackBerry ブラックベリー	Anextek SP230 アネックステック SP230
カフェ、ティー・ショップ	Starbucks スターバックス	The Coffee Bean & Tea Leaf ザ・コーヒー・ビーン&ティー・リーフ
ケータイ・サービス	Orange オレンジ	MetroPCS メトロ PCS
ナチュラル・ケア	Burt's Bees バーツビーズ	Herbal Luxuries ハーバル・ラグジュアリーズ
冷蔵庫	Sub-Zero サブゼロ	Thermador サーマドアー
法律事務所	Orrick オリック	Wilson Sonsini Goodrich & Rosati ウィルソン・ソンシーニ・グッドリッチ&ロザーティ

*Part 2は151ページ、理由は180〜190ページ。

ィブなユーボップ・コミュニティは、この名前で言葉遊びをし、カスタマー・コミュニケーションで使えるさまざまなフレーズを考え出した（「アイ・ボップ、ウィー・ボップ、ゼイ・ボップ、ユー・ボップ！（I bop, we bop, they bop, Yubop!）」）。強力な口コミ効果によって、企業のマーケティング予算は全国平均を大きく下回り、利益は大幅に増加した。

名前にはこれほどの効果があるものだろうか？　スターバックス、ジェットブルー、トムトム（ポータブル・ナビゲーション）、ブロケード（ネットワーク・ストレージ）、スマッカーズ（ジャム）を見れば分かるだろう。ブランド構築プロセスにおいて、悪い名前は足を引っ張るが、よい名前は背中を押す効果があるのだ。

ブランド名がすでに決まっている場合は、次のCHECKPOINTに進んでも結構だが、決まっていない読者のみなさんのために、前書『ブランドギャップ』で説明したネーミングのヒントを紹介しよう。ブランド名は、①競合他社と異なり、②簡潔で（英語の場合4音節以内）、③適切だが説明調でも一般的でもなく、④スペルが簡単で、⑤発音しやすく、⑥言葉遊びのできる名前で、⑦法的に保護しやすいものでなければならない。

ワインバーでは、創業者たちが仮の社名「テイスティングス」を改良しようと取り組んでいる。最終的な決断は？　次のページで確かめてほしい。

Curriculum

❶ **カリキュラム**

「カリキュラム」で「学び」を連想させ、赤ワインのシミでブランド・シンボルである「C」の文字を描いている。しかし、いささか高尚すぎるのではないか？

VERITAS

❷ **ヴェリタス**

「イン・ヴィノ・ヴェリタス」は「ワインを飲むと本音が出る」という意味だ。「ヴェリタス」（ラテン語で「真実」という意味）を使うことで、よく使われる「ヴィーノ」（安ワイン）という言葉を避けている。しかし、いささか高級すぎるのではないか？

tastings

❸ **テイスティングス**

重なり合う3つのグラスがワインのテイスティングを連想させる。しかし、名前もイラストも当たり前すぎる。ザグを取り入れられないだろうか？

4 アンコルクト

イラストと組み合わせると、「アンコルクト」は楽しくおしゃべりしながらワインをテイスティングする場所を連想させる。しかし、「学び」とどのような関係があるだろうか？

Uncorked

5 サンセット・ヴァイン

人々が集うハリウッドの有名な交差点（ハリウッド大通りとヴァイン通りの交差点）を彷彿とさせる、気の利いたネーミングだ。しかし、ハリウッドはイメージとして適切だろうか？

SUNSET & VINE

6 ビブリ

「ビブリ」とは、ヨーロッパの俗語でビブリオテーク、つまり図書館を表す言葉だ。「学び」のメタファーにもなっているし、何より覚えやすくて簡潔だ。これに決定！

BIBLI

ブランドをどう説明するか？

あらゆるブランド・コミュニケーション*は、内部のポジショニング*方針（これを「トゥルーライン*」と呼ぼう）に基づいて発せられたものでなければならない。トゥルーラインとは、CHECKPOINT 6で書いた唯一性の文章に基づく、あなたのブランドについてのたったひとつの事実のことだ。トゥルーラインは、競合他社が主張できない（しない）ものであり、顧客が価値と信頼を置くものでなければならない。重要なのは、あなたが言う内容ではなく、「顧客」が言う内容だ。簡単に言えば、トゥルーラインとはブランドの「独自の強み《バリュー・プロポジション》」であり、ブランドが顧客にとって価値のある理由のことである。

トゥルーラインの例を挙げよう。人々はサウスウエスト航空を「ほとんどの場所に自動車より安い値段で行ける」航空会社ととらえている。ミニは「運転を楽しみたい人たちにうってつけの小型車」だし、イーベイは「地球上のほぼあらゆる品物を取引できる場所」だ。顧客から見れば、これらはこのブランドとほかのブランドを区別する基本的な事実だ。これらは、変えることも、否定することも、簡単に切り捨てることもできない。

トゥルーラインさえ定まれば、消費者向けのタグライン*を作るのは簡単だ。たとえば、サウスウエスト航空のタグライン「国内移動を思いのままに」は、トゥルーラインを磨き上げただけだ。サウスウエスト航空は今までにない自由を与えてくれるという消費者の考えを利用しているのだ。ミニのタグライン「いっしょに走ろう」は、複雑に入り混じった感情を、仲間に向けたシンプルなメッセージとして表現したものだ。不格好でガソリンを食うアメリカのSUVよりも、小型で燃費がいいヨーロッパの自動車がお好きなら、私たちの仲間になりませんか、という意味だ。また、イーベイは自社を「世界のオンライン市場」と位置付けている。地球最大のオークション・サイトとして、最大規模の売り手と買い手を提供できると訴えているのだ。

もちろん、トゥルーラインやタグラインを作るうえで重要なのは、メッセージをひとつに絞るということだ。要素がいくつも列挙されているような場合は、焦点を絞る必要がある。ひとつのブランドにつきメッセージはひとつというのが原則だ。

ビブリのトゥルーラインは、名前の由来からすぐさま思い浮かべることができる。「ワインについて深く学びたい人たちの集う場所」だ。これを少し磨き上げ、重点を顧客寄りにずらすことで、簡単にトゥルーラインをタグラインに書き換えることができる。「味覚をやしなう」。簡潔で、メッセージはひとつだ。

トゥルーラインとタグライン

1 Trueline: AGエドワーズは、あなたの貯金を気にかけている。
Tagline: **私たちが投資を捧げる相手はお客様です**

2 Trueline: シティバンクは、お金が幸せを手に入れる手段のひとつでしかないことを知っている。
Tagline: **豊かに生きよう**

3 Trueline: アウディは、走る人の少ない道を走る人たちのための車を作る。
Tagline: **後ろを走るな**

4 Trueline: チャップスティックこそ、どんなにひどい天候でも唇を健康に保つ秘訣だ。
Tagline: **唇しっかりコーティング**

5 Trueline: ボウフレックスを使えば、自宅でジム級の成果を上げられる。
Tagline: **自分をワークアウト**

6 Trueline: ディズニーランドは、世界の誰もが愛するアミューズメント・パークである。
Tagline: **世界でいちばん楽しい場所**

7 Trueline: チャールズ・シュワブはただの会社ではなく、ひとりの人間だ。
Tagline: **チャールズに訊け**

8 Trueline: アースリンクは、電子メールを楽にするサービスを提供する。
Tagline: **アースリンクはあなたを中心に回っている**

9 Trueline: ナイキは、あなたの中のアスリートを目覚めさせる。
Tagline: **JUST DO IT**

10 Trueline: ヘラー・アーマンは、ステレオタイプをくつがえす法律事務所である。
Tagline: **伝統という名の法律に戦いを挑む**

11 Trueline: フーターズは、精力みなぎる男性のためのちょっと危ないレストランだ。
Tagline: **うれしくなるくらいオゲレツ、だけどちょっぴりおバカ**

12 Trueline: ラスベガスは、世界中の誰もが子どもに戻る場所だ。
Tagline: **ここで起きたことはここだけのこと**

13 Trueline: レンディングツリーは、貸手からのオンライン入札をまとめる。
Tagline: **銀行同士が競争すれば勝つのはあなただ**

CHECKPOINT ⑫

メッセージをどう広めるか？

名前、トゥルーライン*、タグライン*は決まった。次にするのは、その内側にある精神を、あらゆるコンタクト・ポイント*（顧客とブランドとの接点）で伝えることだ。目的は、顧客にブランドの真の支持者になってもらい、口コミで友人に広めてもらうことにある。この段階では、これまでに説明したさまざまな問題に直面する。市場の極度の氾濫、スピードへの過大な要求、細分化された広告モデル、集団的な購買習慣などだ。限られた予算で最大限の投資効果を得るには、どうすればよいだろう？

クリエイティブテクノロジー社のＣＥＯ、沈望傅《シムウォンフー》はこう話す。「わが社の最大の課題はマーケティングだ。しかし、私はケチでね。成功するという確証がないかぎり、お金を無駄にしたくないのだ」。どうやら、彼は成功したとしてもマーケティングは無駄だと考えているようだ。これとは対照的に、アップル社のＣＥＯ、スティーブ・ジョブズは、マーケティングは商品の重要な一部と考えている。どちらの企業もＭＰ３プレーヤーを発売しているが、アップルが四半期当たり４００万台以上を売り上げているのに比べて、クリエイティブテクノロジーの売上台数は遠く及ばない。最新の調査によると、世界で販売されているＭＰ３プレーヤーのモデルは

1万4659種類にも及ぶ。そのうち、あなたはいくつ挙げられるだろうか？　iPodだけ？

実際、iPodのコミュニケーションを深く調べてみると、ほとんど無駄がないのが分かる。テレビ・コマーシャルで使われている画像は、屋外広告、カタログ、展示会、店舗、商品パッケージでも使われている。コンタクト・ポイント、つまり顧客がブランドを体験する場所では、必ず一貫したメッセージが用いられている。アップルのマーケターが競争に名乗りを上げたコンタクト・ポイントでは、必ずアップルが勝つ。勝てない場所では競争しないのだ。

すべての企業がアップルのようになれるわけではないが、アップル社のアプローチを利用することは可能だ。アップル社では、まずザグを準備し、それからあらゆるカスタマー・エクスペリエンス*をそのザグと整合させる。氾濫から抜きん出るというザグの性質によって、ザグに基づいたマーケティング計画は実際よりはるかにスケールが大きく見えるだろう。今風に言えば、ザグによってマーケティング・コミュニケーション*のROI（投下資本利益率）が最大になるのだ。

ビブリの場合、マーケティング予算を店内のコミュニケーションに絞ることもできるだろう。顧客に口コミを広げるチャネルの役割を果たしてもらうためだ。コンタクト・ポイントとしては、パッケージ、ワイン・グラス、ブランド名入りの本やDVDの販売、顧客同士が簡単に共有できるワイン情報などが挙げられる。

アップルのショッピング・バッグは、
ブランドと見事に整合している。
デザインもよく魅力的だ。

CHECKPOINT ⑬

人々とどうつながりを持つか？

コンタクト・ポイント*を決める前に、何を売るか、それをどうやって売るかを決めなければならない。当然のことながら、この段階では費用対効果が問題になってくる。しかし、ブランドは人々の直感であるため、論理ではなく直感で問題に対応するのが得策だ。あなたが見つければならないのは、ザグの構築方法だ。さまざまな要素の収益性については、あとからいくらでも分析できるのだ。

たとえば、ザグをデザインする中で、競合他社が一定の価格で売っている品物を無料で配布してはどうだろうかという考えが浮かぶかもしれない。あるいは、競合他社同士が同じ方法や同じ場所でぶつかり合っているのに気付き、その戦いをするりとかわしたいと思うかもしれない。

W・チャン・キムとレネ・モボルニュは、共著『ブルー・オーシャン戦略』で、エンゲージメントの原則を変え、競合他社の位置付けを変更する体系的な方法を提唱している。血みどろの戦いが繰り広げられている市場空間（レッド・オーシャン）ではなく、敵の存在しない市場空間（ブルー・オーシャン）に目を向けよ、というのが著者の基本的な考えだ。

ビブリは最初から新規市場を狙って考案されたため、従来型のワインバー、ワイン・リストのあるレストラン、テイスティング・ルームのあるワインショップなどが、もっとも近い競合他社となるだろう。

ビブリは、他社と違う何を提供できるだろうか？　グラスで注文できる低価格な〝学習用ワイン〟？　スクリーンでの学習コンテンツの上映？　品種を当てるブラインド・テイスティング・ゲーム？　ワイン生産国へのツアー旅行？　テイスティング日程が定期的に更新される、コンテンツ満載のウェブサイト？　料理とワインの取り合わせ《マリアージュ》の実演？　持ち帰り用自社ブランドワイン？

「独自の強み《バリュー・プロポジション》」を描くうえでの鉄則は、いわゆる「ベスト・プラクティス*（最良事例）」を忘れることだ。通常、ベスト・プラクティスとは一般的な事例だ。一般的な事例をたくさん積み重ねたところで、ザグには結び付かないのだ。

顧客がする体験は？

戦略は強力な指針ではあるが、多くの企業が忘れているのは、適切に実行できなければ、戦略は計画、つまり意図にすぎないという点だ。毎年、何千もの戦略計画が、魅力的なカスタマー・エクスペリエンス*につながらないまま、失敗に終わっている。簡単に言えば、戦略だけ立派でも、成功に結び付くとはかぎらないということだ。

顧客は特定のコンタクト・ポイント*を通じてブランドを体験する。したがって、コンタクト・ポイントをどのように選び、それにどのような影響を与えるかは、重要な問題だ。コンタクト・ポイントを選び、影響を与えるうえでの最善策は、消費者がブランドを知り、ブランドの支持者になるまでの道筋を思い描くことだ。消費者にどうやってブランドを知ってもらうか？　その消費者をどうやってブランドに「誘い込む」のか？　各コンタクト・ポイントで競合するのはどこか？　マーケティング資源をどこにつぎ込むべきで、どこにつぎ込むべきでないのか？

たとえば、ワインバーのマーケターたちは、次のようなコンタクト・ポイントのリストを作るだろう。口コミ、通りがかり、友人の紹介、新聞広告、ラジオCM、オンライン広告、ウェブ検索、ビブリのウェブサイト、報道記事、ダイレクト・メール、インテリア・デザイン、スタッフの応対、ワイン・グラス、メニュー、商品パッケージ、教材、オンサイト学習ゲーム、ワイン・テイスティング・イベント、ワイナリー巡りの旅、などなど。

次に、マーケターはブランドとの整合性に応じて、優先順位を付ける。インテリア空間は、資金投入の優先順位がもっとも高いコンタクト・ポイントと言えるかもしれない。インテリア空間のデザインによっては、会話を促すことができるからだ。エレクトロニクスも特別な注目が必要だろう。カウンターの後ろの巨大スクリーン、学習用のカスタム・デザイン・コンテンツ、エンターテイメント、ワイン・テイスティング・ゲーム、携帯端末による超高速な精算システムなどがその例だ。これよりも優先順位の低いコンタクト・ポイントは、予算を抑えるべきだろう。特に競合他社によってすでに幅広く利用されているコンタクト・ポイントは、完全に除外するべきだろう。

ブランドが会社、商品、サービスのいずれであっても、そしてサービスの対象が個人、企業のいずれであっても、ブランドはカスタマー・エクスペリエンスによって築き上げられる。したがって、カスタマー・エクスペリエンスは、ブランドの意味や価値を決める人々、つまり顧客を喜ばせるために作ることが重要なのだ。

Information

→

フィレンツェは、トスカーナ地方の名門
アンティノーリ家の故郷です。
彼らの手がける有名なティニャネッロの
試飲をご希望の方は、
ウェイターまで。

ビブリにカウンターいっぱいのスクリーンを設置し、
ワイン情報、エンターテイメント、学習体験などで
顧客を喜ばせてみてはどうだろう？

顧客ロイヤルティをどのように獲得するか?

いくつかの統計をご覧に入れよう。50パーセント以上の顧客が、別のブランドに乗り換えるくらいなら、お気に入りのブランドに20~25パーセントほど割高な料金を支払うという。また、カテゴリーによっては、ロイヤルティ*の高い顧客が5パーセント増加すると、収益性が95パーセントも増加する場合がある。ある高級品カテゴリーでは、顧客の10パーセントが売上の50パーセントを占めている。マーケターの心をときめかせるには充分なデータだろう。

スコット・M・デイビスとマイケル・ダンは、共著『ブランド価値を高めるコンタクト・ポイント戦略』で、顧客ロイヤルティ*を重視すべき理由として次の6つを挙げている(7)。

1. 購買プロセスに競合ブランドが入り込む余地が狭くなる。
2. ブランドを名指しで指定してくれる。
3. 友人や同僚にもブランドを勧めてくれる。
4. お目当てのものが手に入るまで待ったり、わざわざ遠くまで買いに行ったりしてくれる。
5. 同じブランドの新しい製品・サービスを受け入れてもらいやすい。

COMMUNICATIONS
F D
T
C

6. 多少高価でも購入してくれる。

別の統計もある。商品やサービスの氾濫する現代の市場では、80パーセント以上の消費者が簡単に競合他社の商品に移ってしまうという。ブランドを他人に勧める人々は20パーセント未満でしかない。これほど勝ち目が低く、現実は厳しいのだから、ちまたに数々のロイヤルティ・プログラム*が存在するのも不思議ではない。果たして効き目はあるのだろうか？　大半のプログラムは、効き目がないだろう。その理由として、次の6つが挙げられる。

1. 多くの場合、ロイヤルティ・プログラムは割引に基づいている。そのため、既存顧客は安くなるまで待つよう「しつけ」られてしまい、通常の価格では手を出さなくなる。

2. ロイヤルティ・プログラムは、もともと喜んで割増料金を支払ってくれるようなロイヤルティの高い顧客を惹き付けるものである。

3. 新規顧客を損させられた気分や仲間はずれにされた気分にし、追い払ってしまう。

4. 競合他社に同じようなプログラムで反撃する機会を与えてしまう。

5. 利益が減少してしまう。

6. その結果、以前のような高い水準で顧客にサービスを提供できなくなる。

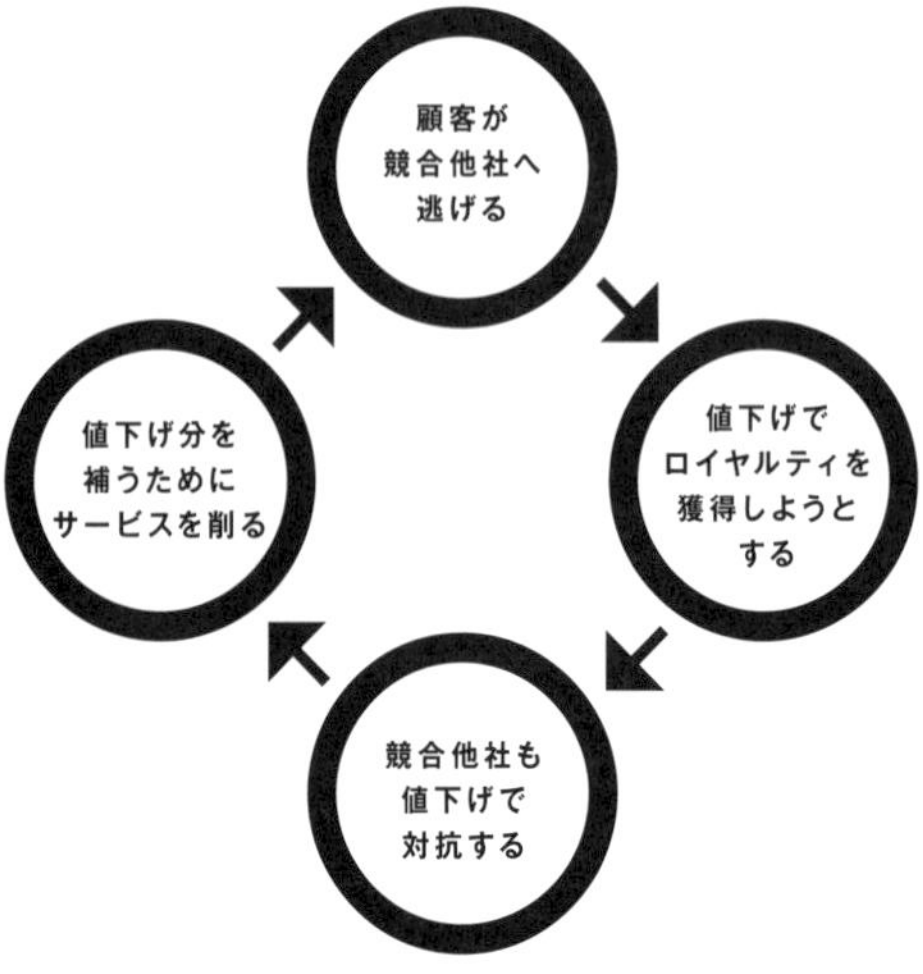
顧客が
競合他社へ
逃げる
値下げで
ロイヤルティを
獲得しようと
する
競合他社も
値下げで
対抗する
値下げ分を
補うために
サービスを削る

ロイヤルティ・プログラムが逆ロイヤルティ・プログラムになる仕組み

現実的には、ロイヤルティを〝プログラム〟することなどできない。顧客が「つきまとわれている」と感じれば、生まれるのは〝闘争心〟か〝逃走心〟だ。プログラムを逆手に取る方法を考えるか、別のブランドに逃げるかのいずれかなのだ。

あなたもこんな経験があるのではないだろうか。数カ月前、私は通勤の途中、日用品を買おうとセイフウェイに寄った。いつもは別のスーパーマーケットで買い物をするので、あまりの安さに驚いた。レジに進むと、店員がこう尋ねた。「セイフウェイ・カードはお持ちですか?」。その価格で買うには、申込用紙への記入が必要だというのだ。私は商品をレジに残して店を出た。それ以来、セイフウェイには一度も行っていない。

あなたなら、こんな行動は取らないかもしれない。カードを受け取り、ほかのカードといっしょに財布にしまい込み、得をしようと思うかもしれない。しかし、それはロイヤルティと言えるだろうか？　言えない。本当のロイヤルティとは、お金で〝買い取る〟ものではなく、努力して〝勝ち取る〟ものである。先にロイヤルティを持たなければならないのは、企業の方であって、顧客ではない。そして、顧客にそのロイヤルティが伝わり、顧客が受け入れたときに初めて、双方向のロイヤルティとなるのだ。

双方向のロイヤルティの重要性を説明するために、ビブリでのワインの学習プロセスの一要素として、データベースを取り入れることを考えてみよう。データベースには、顧客がテイスティングしたワインとその評価が記録される。顧客は携帯情報端末やサーバーを通じてビブリのウェブサイト内にある履歴にアクセスし、今までにテイスティングしたワインや、自分の好みに合うお勧めワインを確認することができる。

さらに、ワインのテイスティング経験を積むにつれて、自動的に称号レベルが上がっていくポイント・システムを導入する。たとえば、「ビギナー」レベルでは、次回のテイスティング・イベント時に高級ワインを無料でテイスティングできる。「エキスパート」レベルになると、〝ライブラリー（ワインセラー）〟にある高級ワインを割引価格で購入できる。顧客はそのワインを友人にふるまい、ビブリに新たな顧客をもたらすだろう。したがって、ビブリを訪れる顧客ひとりひとりが、顧客獲得への投資になる。先に企業が手を差し伸べ、顧客は友人を連れてくることでそれに答えるというわけだ。このモデルなら、顧客にはだまされているという感覚も、「プログラム」に参加しないことで損をしているという感覚もない。

ブランド・ロイヤルティ*を高めるためには、ロイヤルティを勝ち取り、それを双方向にする必要がある。広告マンのデイヴィッド・オグルヴィーの有名な台詞に、次のようなものがある。

「どんな愚か者でも取引をすることはできるが、ブランドを築き上げるには才能、信念、忍耐が必要だ」

CHECKPOINT 16

成功をどう拡張するか？

ブランド戦略でもっとも悩ましい問題は、成長をどのように持続させるかだ。あるブランドが成功すると、マーケターはそのブランドを別の商品に「活かし」、成功を拡張しなければならないというプレッシャーを感じるようになる。マーケターは、ブランド名が商品ラインやサービス・ライン全体の土台となり、すでに確立されている顧客ロイヤルティ*が新商品や新サービスの足がかりになると期待する。

ブランド拡張*は、非常に理にかなった考え方だ。顧客がそのブランドによいイメージを持っているとすれば、企業は手つかずの価値を掘り起こすことができるかもしれないからだ。ブランドを拡張すれば、従来のブランドの意義を補強し、ブランドの価値を高めることができる。あるいは、特定のカテゴリーには、別のブランドを構築して維持する余地が残されていないかもしれない。そういう場合にも、ブランド拡張は有効だ。

多くの場合、ブランドの拡張は、「われわれには顧客がいる。ほかに何を売ることができるだろうか？」（ヴァージン）、「われわれには能力がある。ほかに何を作ることができるだろうか？」（GE）、「われわれにはブランドがある。ほかにどこへ展開させることができるだろうか？」（ディズニー）といった内部的な疑問に対する答えだ。単一の商品を提供していた企業が一連の商品を提供するようになると、そこからブランド・ポートフォリオ*・ビジネスに足を踏み入れることになる。

ブランド・ポートフォリオの構成は、主に2つのモデルに分けられる。1つ目が「個別ブランド（House of Brands）」モデルだ。これは、さまざまなブランドを別個に展開させるという意味だ。このモデルでは、個々のブランドにスポットライトが当てられ、企業は舞台裏にまわる（P&Gなど）。2つ目は「マスター・ブランド（Branded House）」モデルだ。[8] このモデルでは、企業そのものがブランドであり、商品やサービスはメイン・ブランドの一部でしかない（ヒューレット・パッカードなど）。

個別ブランド・モデルの長所は、親ブランドの意味に束縛されることなく、ブランドごとに自由に競争を行なうことができるという点だ。短所は、ブランドの資金調達、構築、管理を別々に行なわなければならないという点だ。

マスター・ブランド・モデルの長所は、すべての商品やサービスで共通の予算、顧客、市場地位を利用できるという点だ。短所は、すべての商品が企業ブランドから平等な恩恵を受けるとはかぎらないため、競合他社は戦略的価値の低い商品を簡単に打破できるという点だ。

どちらのモデルも、業界、競争の状況、企業のビジョンによってはたいへん効果的だ。もっと

House of Brands

個別ブランド・モデル

Branded House

マスター・ブランド・モデル

も効果が低いのは、両方のモデルが混ざり合ったモデルだ。個別ブランド・モデルでもマスター・ブランド・モデルでもない中途半端なポートフォリオとなってしまうからだ。焦点があいまいになり、よりフォーカス[*]の絞られたブランドに顧客を奪われてしまうだろう。いずれのモデルも、それぞれのブランドやサブブランド[*]がラインアップ全体で明確な役割を果たせるようにするには、しっかりとした管理が欠かせない。プロフェット社のデービッド・アーカーは、こう述べている。「ブランドをそれぞれが独立したものと見なすと、部分的な最適化と非効率性をもたらすだけである」[9]。このテーマについて詳しく学びたい方には、彼の著書『ブランド・ポートフォリオ戦略』の一読をお勧めする。

ビブリでは、創業者たちが将来について考えている。利益性の高いビジネスにすることができたとして、その成功を拡張するにはどうすればよいだろうか？　ワイン・テイスティングの世界的なコミュニティを作り、顧客にどんどん次の顧客を呼び込んでもらう？　店舗でオリジナル・ラベルのワインを販売する？　ワインに関心のある諸外国にビジネス・モデルを展開する？

CHECKPOINT 17

ポートフォリオをどのように守るか？

ますます多くの企業がブランド同士を結び付ける価値に気付きはじめている中で、単一ブランドの時代は終わりに近づいている。ブランド・ポートフォリオ*には貴重な相乗効果《シナジー》が存在するものの、単一ブランドにはない4つの危険性がある。それは、伝染、混乱、矛盾、複雑性だ。

1つ目の「伝染」は、相乗効果の負の側面だ。ブランドの結び付きを通じて、顧客ロイヤルティ*も簡単に伝染するが、悪いニュースも簡単に伝染する。ひとつのブランドに問題があると、ブランドの結び付きの強さによっては、ポートフォリオの残りのブランドにまで影響が及ぶ。たとえば、数年前、ニュース番組「60ミニッツ」で、アウディ５０００に「急加速」の傾向があると報じられた。これは実際には事実と異なる報道だったのだが、この噂はメディア、口コミ、裁判を通じて山火事のように広まってしまった。その結果、５０００シリーズの評判に傷が付いただけでなく、アウディの全モデルが大きな打撃を受けた。アウディ・ブランドが輝きを取り戻すまで、数年を要した。

対照的に、翌年、ミニクーパーにも同じ運命が襲いかかろうとしていたが、親会社のＢＭＷの被害は少なくてすんだ。ミニのブランドを切り離すことで、ＢＭＷはふたつのブランドのあいだ

FOCUS F D T C

に防火壁を構築していたのだ。

つまり、ブランド・ポートフォリオと単一ブランドのどちらを選ぶかは、相乗効果と安全性のどちらを取るかにかかっているのだ。

2つ目の「混乱」は「伝染」ほどドラマティックではないが、はるかに日常的だ。混乱は、企業が顧客の認識する境界線を越えてブランドを拡張させた場合に発生する。仮にクレストの歯磨き粉を愛用していたとしても、今やクレストには17種類もの歯磨き粉があり、クレストの売りが何なのかさっぱり分からない。このような混乱に対処するくらいなら、トムズのナチュラルに切り替えようと思うかもしれない。少なくとも、私はトムズの売りが何なのかは分かる。消費者は選択肢を求めているが、それはあくまで「ブランド間」の選択肢であって、「ブランド内」の選択肢ではない。

ブランドの混乱は、「一貫性」と「拡張性」のバランスを理解することで避けることができる。一貫性は、ブランドが人々の心に明確な意味を植え付けられるかどうかを指す。拡張性は、ブランドを壊すことなくブランドの意味を拡張できるかどうかを指す。

たとえば、ダイソンは、高級で色鮮やかな優れたデザインの掃除機というイメージが強い。このブランドは、サブカテゴリーでも高い一貫性を保っている。しかし、ダイソンが高級で色鮮やかな優れたデザインの腕時計を販売したら、最終的に掃除機市場での地位を奪われてしまうかも

Crest
WHITENING PLUS SCOPE
Cool Peppermint
MULTICARE WHITENING
Fresh Mint
EXTRA WHITENING
Clean Mint
TARTAR PROTECTION
Regular Paste
BAKING SODA & PEROXIDE WHITENING
CAVITY PROTECTION
Cool Mint Gel
WHITENING EXPRESSIONS
EXTREME HERBAL MINT
Lemon ICE
Minty Fresh Striped
Strengthens Enamel
$4.39
$4.19
$2.99
$3.29

しれない。また、掃除機という路線は崩さなかったとしても、従来の高価な掃除機に加えて安価な掃除機も販売するのは、同じくらい危険な判断だ。このブランドは、高級さではなく価格の安さが売りになってしまうかもしれない。そうなると、高級路線は、よりフォーカス*の鋭い競合他社の餌食になってしまうだろう。ブランドを拡張するためには、一貫性を犠牲にしなければならない。そして、低価格路線に拡張するということは、それにつられて顧客にとっての価値まで低くなってしまうということなのだ。

もちろん、ブランド拡張の誘惑に逆らうのは難しいだろう。企業は絶えず成長を求められているし、ブランド拡張は短期的には利益につながる場合が多いからだ。しかし、長期的に見れば、消費者を混乱させ、ブランドの足を引っ張ることもある。システム思考のレンズを通すと、次のようになるだろう。

1．企業は、利益を伸ばす必要に迫られる。
2．よって、ブランドを拡張する。
3．すると、短期的には利益が増大する。
4．しかし、長期的にはブランドのフォーカスがあいまいになる。
5．すると、利益の減少につながる。

6．よって、利益を伸ばす必要に迫られ、再び同じプロセスを繰り返す。

これが、ブランド拡張の運命のループだ。これを避けるには、フォーカスと長期的な思考が必要なのだ。

3つ目の「矛盾」は、企業がブランドを世界規模で拡張しようとした場合に発生する。ブランドを左右するのは企業ではなく顧客であるため、文化によって商品や企業に対する見方が異なる可能性がある。たとえば、ディズニー・ブランドは、ある文化では「健全なエンターテイメント」だし、別の文化では「アメリカ的エンターテイメント」だし、また別の文化では「文化的な帝国支配」だ。ブランド・ポートフォリオを世界規模に拡張することで、ディズニーは意味の食い違いによる文化的反発を受ける可能性があるのだ。

こういった矛盾を防ぐひとつの方法は、文化ごとにブランドを分けるという方法だ。異なる名前を使い、関連付けも変える。もうひとつの方法は、世界的ブランドを〝共通項〟でくるという方法だ。ヒューレット・パッカードの「Invent（発明）」というタグライン*は、矛盾や文化的反発を生むことなく、容易に世界中に広めることができる。

4つ目の危険性は「複雑性」だ。ブランド・ポートフォリオが成長するに従って、ブランド構築プロセスを簡素化するはずのものが、逆に複雑化するはめになっている場合が多い。さまざまなセグメント、さまざまな商品、さまざまな拡張ブランド、さまざまな競合商品、そして複雑な販売チャネルが入り乱れることによって、ブランド・ポートフォリオは大きく膨れ上がり、非効率的で、管理が難しくなるのだ。人間の脳は引き算よりも足し算が得意だが、強力なポートフォリオを構築するうえで重要なのは、引き算の方だ。ザグと整合しないブランドやサブブランド*は切り捨てなければならないのだ。

ポートフォリオを管理するためには、ブランドに明確な役割、関連性、境界を定めなければならない。そのためには、高利益であっても、ポートフォリオのフォーカスをぼやかしているブランドを犠牲にすることも必要だ。また、ブランドに対する消費者の許容範囲をしっかりと把握することも大切だ。ＢＭＷのＣＥＯ、ヘルムート・パンケは次のように述べている。「挑発的に聞こえるかもしれませんが、ブランド構築における最大の仕事は、『ノー』と言うことなのです」

ついに、ワインバーの展開の準備が整った。創業者たちは、ザグの明確さ、方向性、市場での潜在力に自信を持っている。これからいくつもの決断を下さなければならないが、彼らは今や、ブランドの整合性を保ち、長年にわたって利益を上げつづけるための強力な意思決定の道具を手に入れたも同然なのだ。

グッド・ラック！

PART 3

ザグを一新する

グー・チョキ・パーの法則

ワインバーの例のように、あなたが新しいブランドを展開しようとしているなら、ここから先は読まなくてもかまわない。ザグのデザイン・プロセスを始めるのに充分な知識は得られたはずだからだ。しかし、ブランドのリポジショニング*［位置付けの変更］を検討している場合や、展開済みのブランドをどのように進化させるかに関心がある場合は、本パートが役に立つだろう。ここでは、ブランドが〝競争サイクル〟の3つの状態を移り変わる中で、ザグを一新させるタイミングと方法について説明する。

私は、ブランド・ポジショニング*のワークショップを実施するときに、常に次のような質問が出るのを期待している。フォーカス*が成功にとってそれほど重要だと言うなら、フォーカスしていない数多くの企業が巨大化しているのはなぜか？　別の言葉で言えば、発電所やプラスチックから、保険、エンターテイメント、電球、路面電車まで幅広くブランドを展開させている、ゼネラル・エレクトリックのような企業の成功はどう説明するのか？　あるいは、自動車、航空宇宙、繊維、タバコ、銀行、ブロッコリなど、2万3720もの商品に名前を刻み込んでいる三菱の成功は？

フォーカスの原則は確かに強力だが、実際にはさまざまな度合いのフォーカスを持つ企業が市場に共存している。この状況は、じゃんけんに例えるといちばん分かりやすいだろう。

じゃんけんでは、チョキがパーに勝ち、パーがグーに勝ち、グーがチョキに勝つ。それぞれに強みと弱みがあり、バランスの取れた競争サイクルができあがっている。

ビジネスの歴史を見ても分かるように、企業がもっとも繁栄するのは、ビジネス環境が非常に予測しやすく、従業員が自分の仕事に信頼を抱いている、「安定状態」に入ったときだ。自己組織化理論（複雑系において秩序がどのようにして自発的に形成されるかを研究するカオス理論の一部）では、このような安定状態は「アトラクター」と呼ばれている。企業は、成長するにつれて、主な3つの状態（本書で言うグー、チョキ、パー）のいずれかに〝収束《アトラクト》〟する。「チョキ」企業は、新興企業や小規模企業で、多くの場合、1種類のブランドしか持たない。チョキ企業の特徴は、フォーカスが極端に鋭いということだ。はるかに巨大な「パー」企業が独占する市場から、ごく一部（空白市場）を切り取ることで、競争に持ち込む。パー企業は、あまりに忙しくて気付かないか、あまりに鈍すぎて対応が間に合わないかのいずれかだ。

チョキ企業が成功を収め、成長しはじめると、「グー」企業へと変身する。グー企業は、中規模の組織で、通常は複数のブランドを抱えており、フォーカスはチョキ企業より低い。その特徴は、もはやフォーカスではなく、勢いである。グー企業は、真正面から競争できるだけの資産がない「チョキ」企業をつぶすことで、成長していく。

グー企業は、成長するにしたがって勢いを失い、最終的には「パー」企業へと変身する。パー企業の特徴は、その規模だ。ブランドはますます多くなり、フォーカスはますます散漫になる。巨大企業のネットワークと資産を活かして「グー」企業を窒息させ、競争を生き抜いていく。

そして、このサイクルを繰り返す。

この競争サイクルについて、3つの点に気が付く。

1．企業は時計回り、つまりチョキ→グー→パーという順序で成長すること。

2．競争は反時計回りで行なわれる傾向にある、つまりパーがグーを包み込み、グーがチョキを押しつぶし、チョキがパーを切り裂くということ。

3．安定状態のあいだには「不安定状態」、つまり変化が可能なだけでなく変化が必要な時期があるということ。企業がブランドをリポジショニングする必要に迫られるのは、この不安定な時期だ。

それでは、各タイプの企業がどのようにしてその特徴を最大限に活用するかを詳しく見てみよう。

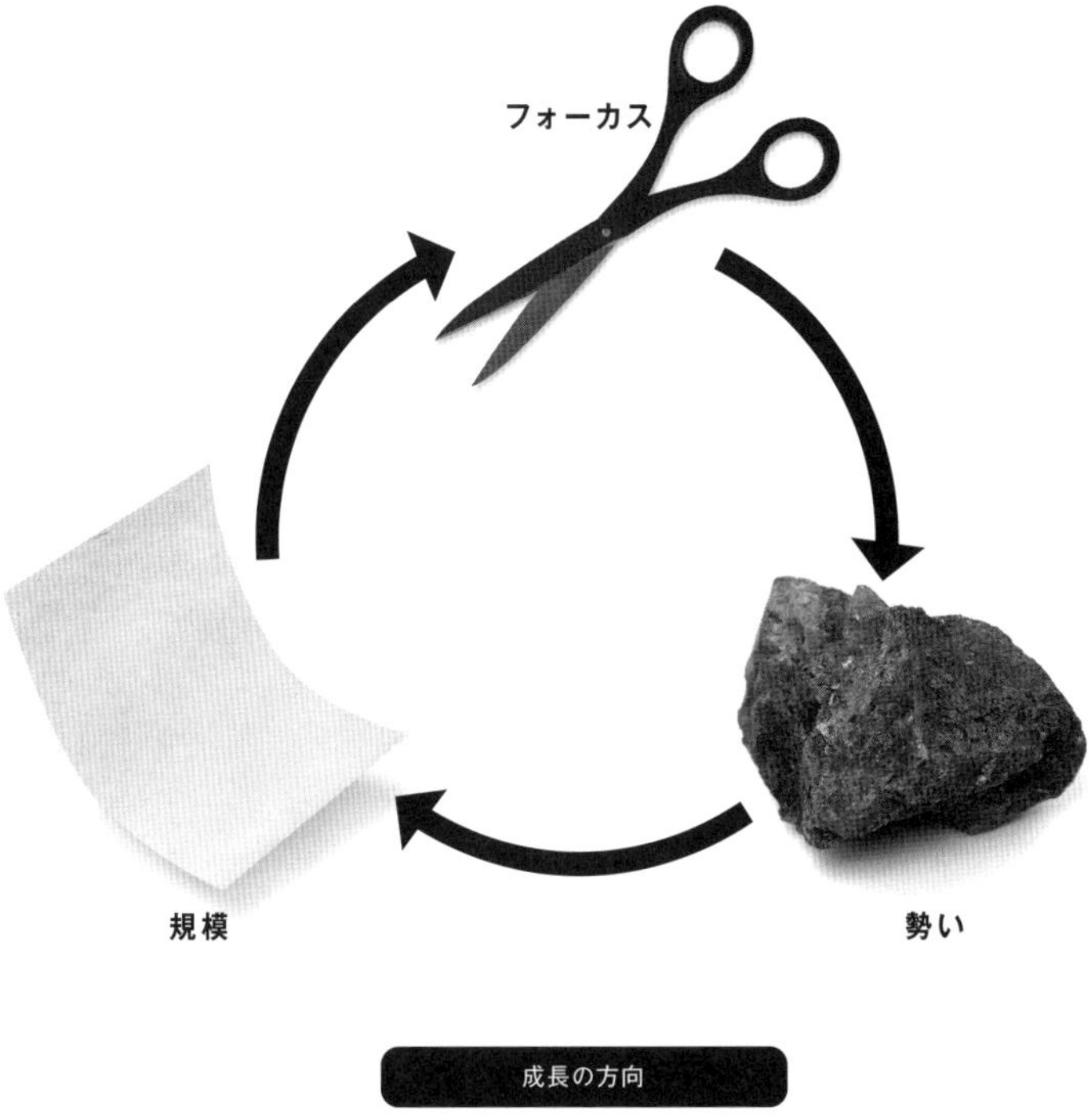
フォーカス
勢い
規模
成長の方向

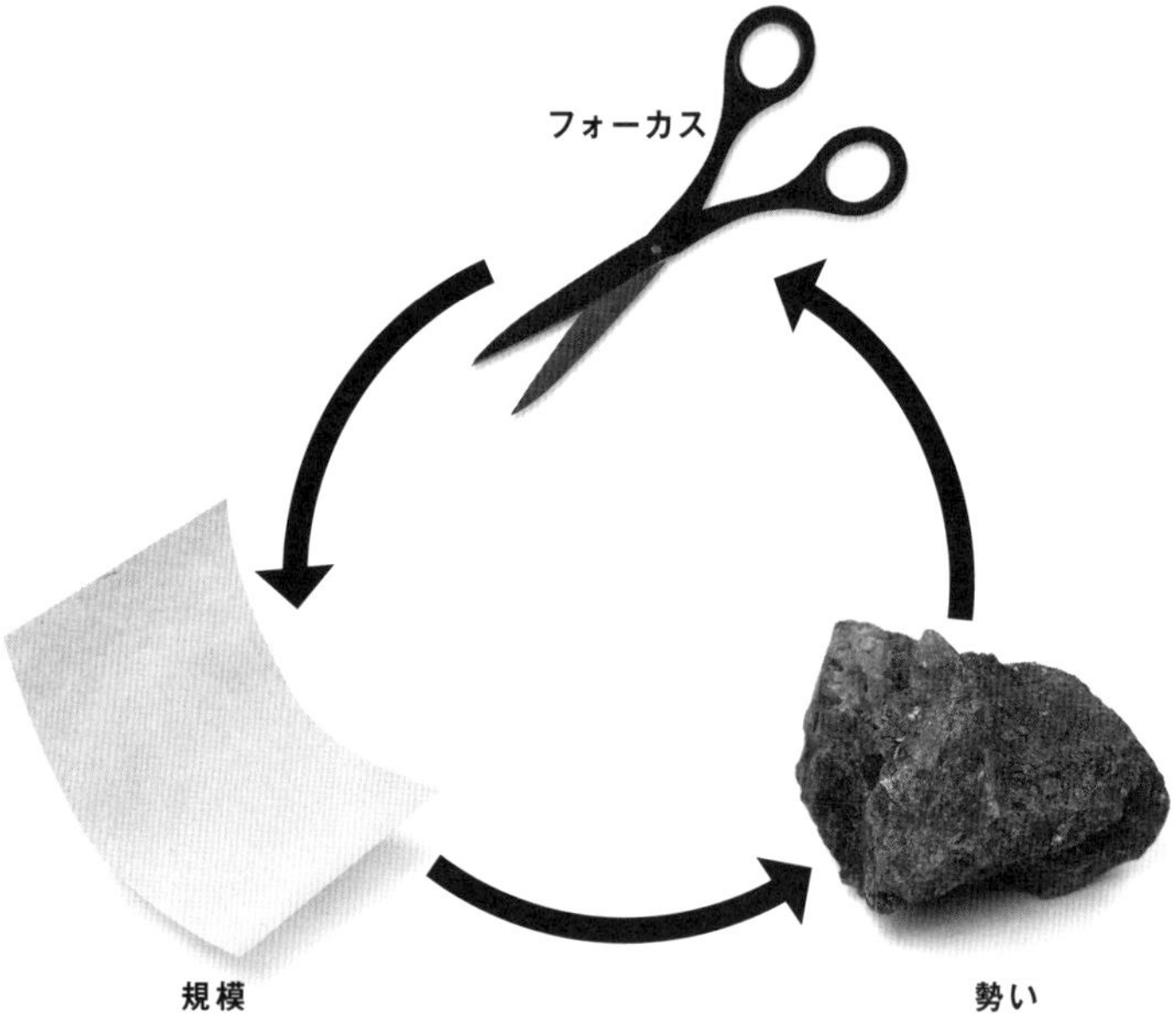

競争の方向

“フォーカス”のチョキ

クレイトン・クリステンセンとマイケル・レイナーは、共著『イノベーションへの解』で、イノベーションをふたつに分類している。ひとつは「持続的イノベーション」で、既存の商品やサービスの改良の積み重ねを意味する。もうひとつは「破壊的イノベーション」で、新しい市場空間を探し出すことを意味する。(1)多くの場合、今までより安価で、当初は「あまり優れていない」とみなされる商品やサービスを投入する。チョキ企業がパー企業を出し抜けるのは、破壊的イノベーションに照準を合わせた場合だ。

それでは、なぜパー企業は独自の破壊的イノベーションによってチョキ企業に対抗しないのだろうか？ それは「モチベーションの非対称性(2)」が原因だ。高価格市場に参入すると、収入の増加の大部分が利益に結び付く。しかし、低価格市場に参入すると、収入の増加はほとんど利益に結び付かない。大企業は、新興市場では充分な利益を上げられないため、参入を見送るのだ。

破壊的イノベーションの一例は、イーベイだ。世界が期待すらしないうちに、「世界のオンライン市場」となったイーベイは、10年間の大半をチョキ企業として過ごし、成長しつづけた。CEOのメグ・ウィットマンはこう話す。「若い企業にとって重要なのは、フォーカス*を絞ることだ」

〝勢い〟のグー

成長のチャンスが見えてくると、チョキ企業はグー企業に変身する過程で最初の不安定状態を迎える。ブランドやサブブランド*の追加、企業の買収を検討しはじめるだろう。それまでの数年間で効果的だった手法を体系化することで、情熱はプロセスへと変わっていく。この期間に、企業は株式の公開や専門経営者の雇用を検討するかもしれない。

チョキ企業がグー企業に変化すると、一転して、それまでその企業を相手にしていなかったパー企業の脅威となる。すると、パー企業は新しい商品（破壊力はそれほど高くないが、パー企業が利益を得られる商品）でグー企業を窒息させようと躍起になる。

チョキ企業が変化の過程で株式を公開すると、資金が急激に注入されるため、一気に勢いが増すだろう。しかし、経営陣は株主から継続的な利益を期待されるようになるため、リスク回避に気を取られ、企業の勢いはすぐに止まってしまう。

それでも、グー企業には並外れた長所がある。「大きな勢い」を得たグー企業は、新たな市場に参入し、一流の人材を引き寄せ、かつての競合相手であるチョキ企業を買収することができるのだ。

〝規模〟のパー

最終的に、グー企業の勢いは衰え、パー企業へと変身する過程で2回目の不安定状態を迎える。この過程で企業が直面する最大の課題は、いかにして成長のエンジンを作動させるかということだ。この時期になると、すでにいくつか重大なミスを犯し、当初の情熱やフォーカス*の大部分を失っているかもしれない。創業者がまだ同じ地位に就いているとしたら、リーダーシップを一新する絶好の時期と言えるだろう。

新たなリーダーが最初に取り組まなければならないのは、ビジネスのフォーカスを定めなおし、株主の信頼を取り戻すことだ。人員を削減し、採算の取れない部門を切り捨て、ブランド体系を再デザインするのだ。チョキ企業のような鋭いフォーカスを取り戻すのは不可能だが、フォーカスで足りない分は規模で補う。規模の拡張によって、顧客、取引先、業者、従業員の広範なネットワークと、膨大な資金プールへのアクセスが可能になる。

「破壊的イノベーション」によって手っ取り早い成功を収めるチョキ企業とは対照的に、パー企業は「持続的イノベーション」によって成功を狙う。パー企業は、魅力的な顧客により高い値段で買ってもらえるより優れた商品を開発しつづけることで、競争を生き抜く。しかし、しつこく追いすがるグー企業と、ニッチ商品*で攻撃をしかけてくるチョキ企業にはさまれたパー企業は、自己防衛のために、ますます規模を拡張しなければならないという絶え間ないプレッシャーにさらされる。

だが、数々の証拠が示すように、あらゆる企業には規模の限界があり、それ以上成長しても利益を上げることはできない。ここまで来ると、パー企業は競争サイクルを1回りし、会社の一新を図る。つまり、次なるチョキ世代へとエネルギーを注ぎ込むのだ。フォーカスを定めなおし、いくつかの部門を小規模企業としてスピンオフする。規模を縮小し、有能な経営者を種のようにニッチ・ビジネスにばらまく。時間的・規模的に投資効果が見込めないイノベーションへの投資を打ち切る。これによって収支は一新し、チョキ企業の成功につながる。

グー、チョキ、パーの法則は、どのように活用できるだろうか？　いくらでも活用の余地はある。あなたが競争サイクルのどの段階にいるかを理解することで、次のようなことが可能になる。

1．自社の強みを活かし、弱みを最小化する。

2．競合他社の弱みを利用し、彼らからの攻撃に備える。

3．不安定状態を利用して、ザグを再デザインする。

4．安定状態の時期にザグを一新させて、攻撃をはねのけ、成功を維持する。

構造《ストラクチャー》が束縛《ストリクチャー》に変わるとき

企業は、文化的な生命体だ。従業員が自らの判断で仕事をこなせるように、企業は過去の成功を体系化するプロセスや価値観を築き上げ、成長・発展していく。その結果、企業の文化を決める組織的なルール、つまりメンタル・モデルが生まれる。

しかし、メンタル・モデルをいつまでも疑わないままでいると、文化は柔軟性を失う。すると、企業は自社の世界観に適合しない問題に対処するのがますます難しくなっていく。90年代にルイス・ガースナーがＩＢＭのＣＥＯに就任したときに気付いたのは、まさにこの点だ。「成功する組織は、必ずと言っていいほど強力な文化を築き上げる。それによって、組織を成功させる要素がより強化されるのだ。しかし、実際には、これが企業の適応能力にとって大きな障害となる」

この「文化的な束縛」のせいで、企業は明らかな市場の危機を目前にしても、変化することができないのだ。企業の能力が従業員の中にある場合は、変化してこのような危機に対応するのは比較的たやすい。しかし、能力がプロセスや価値観の中に存在する場合、企業は束縛され、変化が難しくなる。サミュエル・ジョンソンは、こんな言葉を残している。「習慣という鎖は、ほとんど感じられないほど弱いものだが、気付いたときには、もう断ち切れないほど頑丈になっている」

ザグの束縛を解く

ガースナーは、「複雑な組織にシンプルなアイデアを実践させるにはどうすればよいか?」というブランド構築の中心的な問題に対処し、IBMを〝鉄のかたまり〟の販売企業からテクノロジー・サービスのトップ企業へと変身させることに成功した。シンプルなアイデアを実践するには、もちろんまずシンプルなアイデアそのもの、つまりザグがなければならない。さらに、企業の運営方法を変えるには、「単純学習」ではなく「生成型学習」を用いなければならない。「単純学習」とは、それまでと同じ物事をより効果的に行なう方法を学ぶことだ。一方、「生成型学習」とは、新しい物事を行なう方法を学ぶことだ。組織は「それまでとは違うことを実行し、それまでとは違う点を重視し、それまでにもっていなかったスキルを獲得」[3]する必要があるとガースナーは述べている。

組織論の専門家、ジェームズ・マーチは、生成型学習を活性化させるためには、「未経験の人々や無知な人々の流入」が必要だと述べている。彼は、集団が「活用（Exploitation）」に時間を割きすぎ、「探索（Exploration）」をないがしろにしすぎると、機会からますます目をそむけることになると警告している。

「活用」モードの集団は、変化を排除し、過去の手法を繰り返すことで、手っ取り早く利益を上げようとする。一方、「探索」モードの集団は、過去から脱却し、長期的な利益を追求する。そのような企業は、フレッシュな人材を雇うことで、「組織の規範」にとらわれない人々を招き入れることができるのだ。

メンタル・モデルにはふたつの種類がある。問題を解決して物事を楽にするメンタル・モデルと、行き詰まった状況を作り出して物事を難しくするメンタル・モデルだ。

成熟した組織のメンタル・モデルは、伸縮性のあるネットのようなものだ。一点を本来の位置から引っ張ってずらすと、引っ張っているあいだはその位置にとどまりつづけるが、手を離すと元の位置に戻る。しかし、てこの作用《レバレッジ》が働く適切な箇所を特定できれば、驚くほど簡単に変化を起こすことができるのだ。組織内のレバレッジ・ポイントを見つけるには、次の質問に答えればよい。

1. 変化を阻害しているものは何か?

2. それはどのように問題なのか?

3. それが問題とならないようにするには、どうすればよいか?

単純学習

同じ四角形をより大きく描くこと

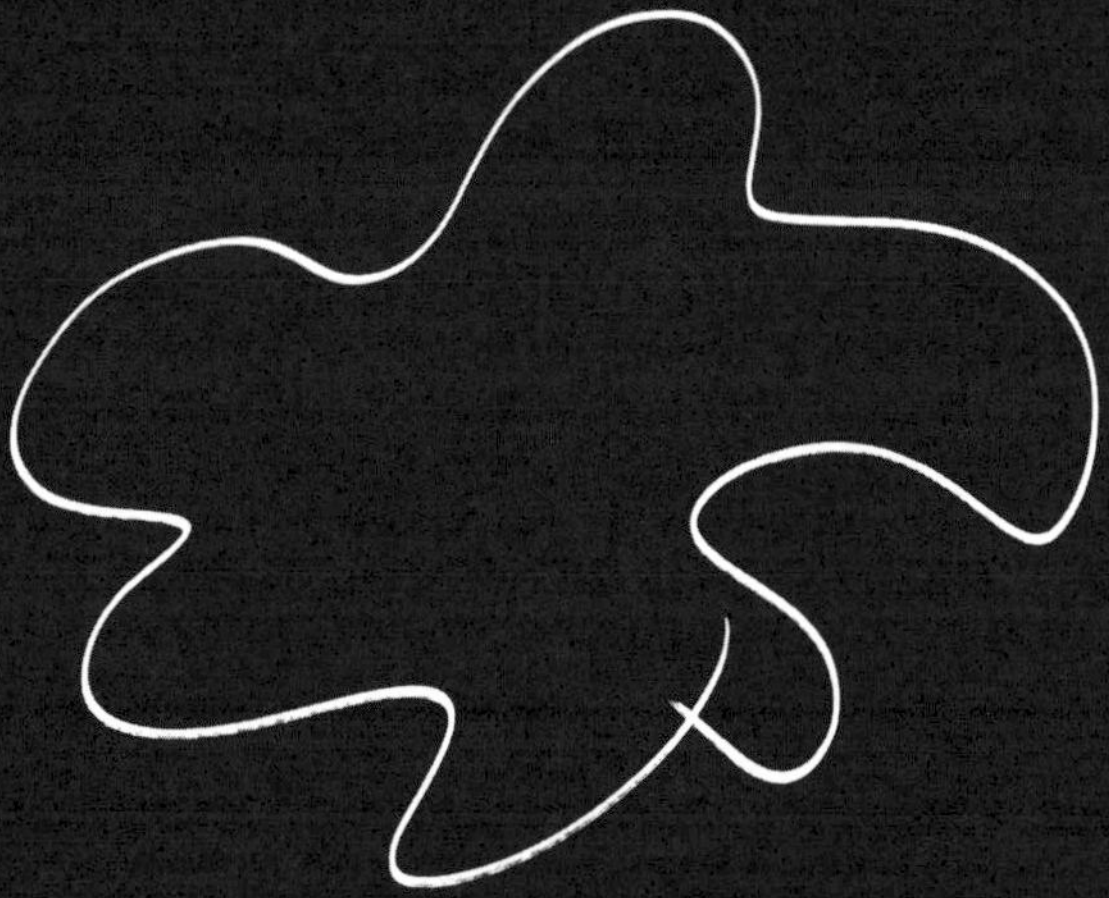

生成型学習

まったく新しい形を描くこと

組織の人々は変化を好まないという神話がある。実際には、人々は変化を望んでいる。変化させられるのが嫌いなだけだ。ザグを探すときは、ザグの実践にどう手を貸してくれるかを従業員に尋ねてみるといい。きっとあふれ出るやる気の量に驚くはずだ。

株主の言いなりにはなるな

ハドソン・ハイランドセンター・フォー・ハイパフォーマンスのスーザン・アヌンツィオは、ハイパフォーマンス企業を「新たな商品、サービス、市場を開拓して利益を上げている企業」と定義している。「ハイパフォーマンスの最大の障害となるのは、短期的なフォーカスだ*」と彼女は述べている。多くの場合、短期的なフォーカスは、株主の要求に対する対応から生まれる。株主は、収益性の悪い株式をすぐに売却してしまうからだ。しかし、実際には、収益性の悪い株式と収益性の悪い企業はまったく別物だ。

「ハーバード・ビジネス・レビュー」誌は、11年間にわたって275社を調査し、消費者が「それまでより差別化の度合いが高くなった」と感じる企業と「それまでより差別化の度合いが低くなった」と感じる企業に分類した。差別化の度合いが高くなったと分類された企業は、その年に株価が4・8パーセント上昇したが、低くなったと分類された企業は、4・3パーセント減少した。それだけでなく、株価の変化は、差別化の度合いが変化してから「1年後」に見られたのだ。つまり、株主が収支を見てから気付いたことを、消費者はあらかじめ見抜いていたということだ。ザグと業績の関連性に無頓着な株主は、バスを後部座席から運転しているようなものだ。

最優先事項を見つめなおす

CEOたちは、ほかの価値を犠牲にしてまで、株主にとっての価値を最優先することに疑問を抱きはじめている。次のような危険な悪循環に陥りかねないからだ。

1. 投資の増加が急速な成長に結び付かない
2. 株主は株式を低く評価する
3. リーダーが解雇される
4. 新たなリーダーは、収益を以前の水準に戻すためにコストを削減する
5. 企業は再び急速に成長する方法を探し出す

アヌンツィオは、CEOたちに次のように忠告している。「勇気を出して、投資コミュニティに『持続可能な成長への道を断ち切ることは不可能だ』と伝えなければならない。必要なのは、商品を差別化し、新規市場に機会を見出すことだ」

最新の研究に、その証拠がある。一般的に、イノベーティブな商品が収益の80パーセントを占める企業は、5年間で市場シェアが2倍になっている。また、イノベーティブな企業の上位20パーセントは、残りの80パーセントの企業と比べて株主還元が2倍にもなる。さらに、差別化を通じてブランドを劇的に変身させた企業は、目に見える成果を上げており、株価は1年間で250パーセント上昇したという。

ザグこそ、新たな最優先事項なのだ。

新市場へは〝2段式ロケット〟で

文化的な束縛が持続すると、企業はシアーズ社と同じ状況に見舞われるかもしれない。かつて、シアーズは通信販売のトップ企業であり、情報満載のカタログを通じて、何千種類もの便利な商品を販売していた。今日に至るまで、多くの人々がシアーズを工具や電化製品といった実用品のトップ企業と考えてきた。しかし、この地位に不満を覚えたシアーズは、通信販売から百貨店事業へと展開し、さらにブランドのイメージを保険、写真スタジオ、女性アパレルにまで広げようとした。現在、シアーズは忘却のかなたへと1歩ずつ近づいている。

90年代、シアーズは大きなチャンスを見逃した。通信販売のルーツに立ち返り、企業を劇的に転身させることで、アメリカでもっとも信頼できる店舗――オンライン店舗――になるチャンスだったのだ。代わりに、その栄誉はアマゾンへと贈られた。

企業が、〝斜陽市場〟から〝新興市場〟に目を向けなければならなくなったときに、もっとも都合のよい乗り物は「2段式ロケット」だろう。ロケットの発射と同じように、新しいブランドは重力を逃れるために燃料の半分を使うことができる。この戦略では、第1段階（既存のブランド）を第2段階（新ブランド）の燃料にすることができる。古いブランドへの投資を削減し、不要になった資産を売却することで、新たなブランドを展開させるための資源を自由に利用できるようになるのだ。

　コダック社は少し前、2段式ロケットを発射し、フィルム画像の世界からデジタル画像の世界へと旅に出た。コダックはフィルムへの投資を中止し、それまでの〝金脈〟から得た利益を新たなデジタル・ブランドへとつぎ込んでいる。デジタル企業に新たなブランド名を付け、コダックという名前はビジネスで利用するために残しておいた方が、さらに効果的だったかもしれない。そうすれば、新たなブランド名は、デジタル世界専用に作り出された最初のトップ・カメラ・ブランドとなっていただろう。今よりはるかに口コミ効果の高いザグが生まれていたに違いない。

古いビジネスは、
従来の勢いを失いはじめる

古いビジネスが切り離され、
新たなビジネスが発進する

変化のスピードに合わせたザグ探し

本書の冒頭で、私はムーアの法則を引用した。毎年、コンピュータの速度が劇的なペースで向上するという1965年の予言だ。そこで、本書の締めくくりとして、芸術家のアンディ・ウォーホルが1968年に述べた「ウォーホルの法則」を紹介したいと思う。彼は、「誰でも15分間は有名人になれる日が来るだろう」と予言した。マスメディアの細分化、民主化、個人化が進み、多くの人々がメディアにかかわれるように（いや、かかわらなければならないように）なっていくだろうという考えに基づいている。この現象は、急激なスピードアップと密接な関係がある。継続的な変化には、継続的な革新が必要だからだ。私たちは、絶え間ないイノベーションの時代へと足を踏み入れつつあるのだ。

市場での選択肢が増すにつれて、ブランドの一生も短くなる。「朝に新商品を発表して、その夜には商品の終わりを告げる日が来るのではないかと思う」。ディスク・ドライブのパイオニア、アラン・シュガートは、冗談半分でこう述べた。しかし、その日はすぐそこだ。イノベーションがコモディティ化するまでの期間はあまりに短くなっており、イノベーションの恩恵を受ける時間がほとんどない場合も多い。つまり、企業が最新の商品やサービスに未来を託しているあいだにも、別の企業が慌ただしく次の商品やサービスを展開しようとしているのだ。したがって、市場全体は一企業よりもすばやく動いている。市場が巨大なカジノだとすれば、勝つのはたいてい客ではなくカジノの方なのだ。

それでは、〝カジノ〟で勝つにはどうすればいいか？　市場と同じスピードでイノベーションするしかない。そのためには、イノベーションから市場投入までの期間を短くしなければならない。コア・ブランドで利益が上がっているあいだにも、空白ブランドを展開しなければならない。ブランドのコラボレーションを中心とした企業を作り上げなければならない。市場の氾濫に自らも加わるのではなく、氾濫を打ち破らなければならない。そして、過激な差別化のうえに成り立つ文化を築き上げなければならないのだ。

ＣＥＯを対象にした最新の調査によると、今日の主要なビジネス目標は次の３つである。

1. 持続的かつ安定した高水準な成長
2. スピード、柔軟性、変化への適応性
3. 顧客ロイヤルティ*と顧客維持

ＣＥＯの大半は、いずれか２つを満たせれば満足だと述べている。私からのアドバイスは、「違いを生み出せ」だ。２つなんて言わずに、ザグのあるブランドで３つすべてを手に入れよう。

強い名前 - 弱い名前 Part 2

カテゴリー	強い名前	弱い名前
オフィス機器	Xerox **ゼロックス**	Kyocera Mita **京セラミタ**
オンライン決済	PayPal **ペイパル**	Click & Buy **クリック&バイ**
ネットワーク・ストレージ	Brocade **ブロケード**	Network Storage Corporation **ネットワーク・ストレージ・コーポレーション**
石油・ガソリン	Shell **シェル**	Unocal **ユノカル**
勃起不全治療薬	Viagra **バイアグラ**	Cialis **シアリス**
請求処理サービス	Department B **デパートメントB**	American Billing Service **アメリカン・ビリング・サービス**
自動車	Crossfire **クロスファイア**	Achieva **アチーヴァ**
自動車保険	Progressive **プログレッシブ**	GEICO **ガイコ**
インターネット電話	Lingo **リンゴ**	iConnectHere **アイ・コネクト・ヒア**
ジャム	Smucker's **スマッカーズ**	Mary Ellen **メリーエレン**
テレビ検索	MeeVee **ミーヴィー**	Blinkx **ブリンクス**
事務用品	Staples **ステープルズ**	OfficeMart **オフィスマート**
女性向けテレビ	We **ウィー**	Romance Classics **ロマンス・クラシックス**
PCサウンド・カード	Mockingboard **モッキンボード**	Terratec EWS64 XL **テラテック EWS64 XL**
光学レンズ	Carl Zeiss **カール・ツァイス**	Sony Lenses **ソニー・レンジーズ**
生命保険	MetLife **メットライフ**	American United **アメリカン・ユナイテッド**
Web検索	Google **グーグル**	Ask **アスク**

＊Part 1は98ページ、理由は180〜190ページ。

マーティ厳選ポイント集

手っ取り早く復習できるように、本書で述べたアイデアを以下にまとめた。ブランドのプレゼンテーションで利用したり、ビジネス・メールの最後に毎回違う文章を引用したりして、存分に活用してもらいたい。きっと、びっくりするほど会話が広がることだろう。

（編注：引用の際には出典を明記してください）

まえがき・プロローグ

- ビジネスがスピードアップし、ブランドの数が激増している今、生き残るブランドと消え去るブランドを決めるのは、企業ではなく消費者だ。
- 現代の真の競合相手は、直接的・間接的な競合商品ではなく、市場の極度の〝氾濫《クラッター》〟である。
- 氾濫に氾濫で応じるという対抗策は、まるでガソリンで火を消そうとするようなものだ。

⬇
ブランドとは、商品、サービス、企業に対する消費者の直感だ。
「あなた」がどう言うかではなく、「みんな」がどう言うかで決まる。

⬇
似たもの商品・横並びサービスに囲まれている消費者は、
あふれかえる物の中から勝者をえり分けるための〝何か〟を探している。

⬇
人間の心は、このような「氾濫」にもっとも効果的な方法で対処する。
大半を頭の中から閉め出してしまうのだ。
便利そうなものや面白そうなものだけが取り込まれて、
頭の中の〝箱〟に収められ、ラベルが付けられる。

⬇
歴史上初めて、競争のもっとも強力な障壁が、企業でなく人間の手に委ねられる時代が来た。
人々が頭の中に作るこの小さな〝箱〟が、ブランドの境界を決めるのだ。

⬇
ブランディングの目標はシンプルだ。消費者を喜ばせ、「多くの」顧客が、
「多くの」商品を、「長い」期間、「高い」価格で買ってもらえるようにすることだ。

現代の消費者は、買わされるのを嫌う。自分の意思で買いたいのだ。
それだけでなく、集団《トライブ》で買う傾向がある。

似たような商品であふれかえる市場において、
消費者が求めているのは機能やメリットではなく、集団としてのアイデンティティなのだ。
「この商品を買ったら、どんな自分になれるんだろう?」。消費者はそう考えているのだ。

従来型の広告の死には、ふたつの原因がある。
（1）人々は一方通行の対話が嫌いだということ。
（2）広告が信頼されていないということ。

現代の消費者が望んでいるのは、信頼できるブランドだ。
消費者が望んでいないのは、さらなる押し付け、さらなる誇張、そしてさらなる氾濫だ。

商品やサービスが極度に氾濫する現代においては、差別化だけでは不充分だ。
必要なのは、「過激な差別化」なのだ。

新たな原則は、みんなが「ジグ」なら、あなたは「ザグ」だ。

PART 1
ザグを探す

- 「良さ」と「違い」を兼ね備えるアイデアを見つけることが、ザグ探しのコツだ。

- 芸術家は、負の空間を認識するよう訓練されている。
企業も、新しい市場空間を探すときには、芸術家の思考を取り入れる必要がある。
というのは、新しい市場空間、つまり「空白」に目を向けることが、
「ザグ探し」の秘訣だからだ。

- ニーズを明らかにする場合に考えなければならないのは、
まだ存在しない商品は何かということではなく、
まだサービスを受けていない集団は誰かということだ。
人々が片付けようとしているジョブ［解決すべき問題、改善したい状況］を探し出し、
それを手助けすればよいのだ。

- はっきりとさせなければならないのは、あなたのビジネスは何か、つまり核となる目的は何かということだ。
核となる目的というのは、「単なるカネ儲けを超えた企業の根本的な存在理由」のことだ。

- リーダーの仕事とは、ビジョンの輪郭をはっきりとさせ、人々にとって分かりやすく、覚えやすく、刺激的なものにすることだ。
真のビジョンは、服従ではなく献身、注意ではなく信頼へとつながるものだ。

- 明確なビジョンがなければ、従業員はバラバラな目的を持って働くことになり、全員が共有する未来図を実現するために協力し合うどころか、部門という殻に閉じこもりがちになる。

- ブランドの主導権を左右する「べき乗則」は、次のシンプルな式で表すことができる。
一番乗り＋人気＝主導権

↓

フォーカスと差別化に、トレンドという後押しが加われば、愛やお金よりも人々の心をつかむカリスマ性のあるブランドが生まれる。サーフボードの上にいても、パドリングするのと波に乗るのとでは大違いだ。

↓

「イノベーティブ」「即応的」「顧客中心」などはいずれも立派な価値観だが、ザグをデザインするうえで重要なのは、企業がいかに立派かということではなく、いかに「ユニーク」かということだ。

↓

ブランドは、ネットワーク理論家たちの言う「べき乗則」に従っている。これは、なぜ成功が成功を呼ぶか、つまりなぜ「金持ちはますます金持ちになるか」を表す法則だ。

↓

べき乗則の世界では、市場シェアの階層構造は消費者の手に委ねられる。消費者が、集合的に企業の成功順位を決めるのだ。

唯一性は、ザグをデザインするための枠組みとなる。
「私たちのブランドは、（　　　）、唯一の（　　　）である」

新たな意思決定を行なうときは、
ここであなたが書いた唯一性の文章と照らし合わせてみよう。
そうすれば、その決断がブランドにとって有効なのか有害なのか、
ブランドのフォーカスを強化させるのか降下させるのか、
ブランドを洗練させるのか変遷させるのかがたちどころに分かるはずだ。

ブランドを構築するうえでもっとも重要な原則のひとつは、「整合性確保《アラインメント》」の強化だ。
ブランドの整合性確保に成功すると一貫性が生まれるが、
失敗すると予算を無駄にするはめになる。

ブランドに新たな要素を追加することによって、
より強力な競合他社との競争を迫られるなら、考えなおすこと。
エネルギーの無駄であるだけでなく、顧客を混乱させる恐れまであるからだ。

↓ ブランドは、すべての人が貢献し、すべての人が恩恵を受ける生態系《エコシステム》の一部である。

↓ あらゆる人にいい顔をして誰も喜ばせることができないくらいなら、立ち上がって戦うべきだ。その場合、もっとも巨大で成功している競合他社を相手にしよう。

↓ ブランドにとってもっとも価値ある財産がもっとも軽視されているというのは、マーケティング業界の皮肉な事実のひとつだ。その財産とは、名前である。ブランド構築プロセスにおいて、悪い名前は足を引っ張るが、よい名前は背中を押す効果がある。

↓ ブランド名は、①競合他社と異なり、②簡潔で（英語の場合4音節以内）、③適切だが、説明調でも一般的でもなく、④スペルが簡単で、⑤発音しやすく、⑥言葉遊びのできる名前で、⑦法的に保護しやすいものでなければならない。

あらゆるブランド・コミュニケーションは、「トゥルーライン」に基づいて発せられたものでなければならない。

↓

トゥルーラインとは、あなたのブランドについてのたったひとつの事実のことだ。ブランドの「独自の強み《バリュー・プロポジション》」であり、ブランドが顧客にとって価値のある理由のことである。これらは、変えることも、否定することも、簡単に切り捨てることもできない。

↓

トゥルーラインを作るうえで重要なのは、メッセージをひとつに絞るということだ。要素がいくつも列挙されているような場合は、焦点を絞る必要がある。

↓

ザグに基づいたマーケティング計画は実際よりはるかにスケールが大きく見えるだろう。目的は勝てる場所で競争するということだ。

↓

「ベスト・プラクティス（最良事例）」を忘れること。通常、ベスト・プラクティスとは一般的な事例だ。一般的な事例をたくさん積み重ねたところで、ザグには結び付かないのだ。

適切に実行できなければ、戦略は計画、つまり意図にすぎない。

戦略だけ立派でも、成功に結び付くとはかぎらないということだ。


顧客は特定のコンタクト・ポイントを通じてブランドを体験する。

したがって、コンタクト・ポイントをどのように選び、それにどのような影響を与えるかは、重要な問題だ。


現実的には、ロイヤルティを〝プログラム〟することなどできない。

先にロイヤルティを持たなければならないのは、企業の方であって、顧客ではない。

そして、顧客にそのロイヤルティが伝わり、顧客が受け入れたときに初めて、双方向のロイヤルティとなるのだ。


顧客がブランドによいイメージを持っているとすれば、企業はブランドを拡張することで、価値を掘り起こすことができるかもしれない。

ただし、ブランドの拡張によって、従来のブランドの意義が補強される場合にかぎる。

ブランド・ポートフォリオには貴重な相乗効果《シナジー》が存在するものの、単一ブランドにはない4つの危険性がある。それは、伝染、混乱、矛盾、複雑性だ。

「伝染」は、相乗効果の負の側面だ。ひとつのブランドに問題があると、ポートフォリオの残りのブランドにまで影響が及ぶ。

「混乱」は、企業が顧客の認識する境界線を越えてブランドを拡張させた場合に発生する。消費者は選択肢を求めているが、それはあくまで「ブランド間」の選択肢であって、「ブランド内」の選択肢ではない。

「矛盾」は、企業がブランドを世界規模で拡張しようとした場合に発生する。文化によって商品や企業に対する見方が異なる可能性があるからだ。

「複雑性」は、ブランド・ポートフォリオが成長するに従って危険性が増す。ブランド構築プロセスを簡素化するはずのものが、逆に複雑化するはめになっている場合が多い。

強力なポートフォリオを構築するうえで重要なのは、引き算だ。
ザグと整合しないブランドやサブブランドは切り捨てなければならないのだ。

PART 3
ザグを一新する

企業は、成長するにつれて、
主な3つの状態（本書で言うグー、チョキ、パー）のいずれかに〝収束《アトラクト》〟する。
それぞれに強みと弱みがあり、バランスの取れた競争サイクルができあがっている。

「チョキ」企業は、新興企業や小規模企業で、
はるかに巨大な「パー」企業が独占する市場から、ごく一部（空白市場）を切り取ることで、
競争に持ち込む。チョキ企業の特徴は鋭いフォーカスだ。

チョキ企業は「グー」企業へと変身し、「チョキ」企業をつぶすことで成長していく。
グー企業の特徴は勢いだ。

↓

グー企業は、最終的には「パー」企業へと変身する。
巨大企業のネットワークと資産を活かして「グー」企業を窒息させる。
パー企業の特徴は規模だ。

↓

フォーカスは規模に勝ち、規模は勢いに勝ち、勢いはフォーカスに勝つ。

↓

競争は反時計回りで行なわれる傾向にある。
つまりパーがグーを包み込み、グーがチョキを押しつぶし、チョキがパーを切り裂く。

↓

時間とともに、フォーカスは勢いに変わり、勢いは規模に変わり、
規模はフォーカスに変わる。そして、競争サイクルを再び繰り返す。

↓

安定状態のあいだには「不安定状態」、
つまり変化が可能なだけでなく変化が必要な時期がある。
企業がブランドをリポジショニングする必要に迫られるのは、この不安定な時期だ。

↓

あなたが競争サイクルのどの段階にいるかを理解することで、次のようなことが可能になる。
(1) 自社の強みを活かし、弱みを最小化する。
(2) 競合他社の弱みを利用し、彼らからの攻撃に備える。
(3) 不安定状態を利用して、ザグを再デザインする。
(4) 安定状態の時期にザグを一新させて、攻撃をはねのけ、成功を維持する。

↓

組織の人々は変化を好まないという神話がある。実際には、人々は変化を望んでいる。変化させられるのが嫌いなだけだ。

↓

組織内のレバレッジ・ポイントを見つけるには、次の3つの質問に答えればよい。
(1) 変化を阻害しているものは何か?
(2) それはどのように問題なのか?
(3) それが問題とならないようにするには、どうすればよいか?

↓

ブランド構築の中心的な問題は、
「複雑な組織にシンプルなアイデアを実践させるにはどうすればよいか?」ということだ。

↓

ザグを探すときは、ザグの実践にどう手を貸してくれるかを従業員に尋ねてみるといい。きっとあふれ出るやる気の量に驚くはずだ。

↓

ハイパフォーマンスの最大の障害となるのは、短期的なフォーカスだ。多くの場合、短期的なフォーカスは、株主の要求に対する対応から生まれる。株主は、収益性の悪い株式をすぐに売却してしまうからだ。

↓

差別化を通じてブランドを劇的に変身させた企業は、目に見える成果を上げており、株価は1年間で250パーセント上昇した。

↓

企業が、〝斜陽市場〟から〝新興市場〟に目を向けなければならなくなったときに、もっとも都合のよい乗り物は「2段式ロケット」だろう。第1段階（既存のブランド）を第2段階（新ブランド）の燃料にすることができるからだ。

↓

「ウォーホルの法則」は、急激なスピードアップと密接な関係がある。継続的な変化には、継続的な革新が必要だからだ。

私たちは、絶え間ないイノベーションの時代へと足を踏み入れつつあるのだ。

↓

市場全体は一企業よりもすばやく動いている。

市場が巨大なカジノだとすれば、勝つのはたいてい客ではなくカジノの方なのだ。

マーティからのオススメ本

バックグラウンド

▼ブランドギャップ

マーティ・ニューマイヤー著
宇佐美清監訳／ALAYA訳／トランスワールドジャパン

ブランドをテーマにした私の1冊目の著書。ビジネス戦略とカスタマー・エクスペリエンスのギャップを埋める方法について説明している。本書では、ブランド構築を「差別化、協力、革新、検証、育成という5つの原則で成り立つシステム」と考えている。『ザグを探せ！』と同様に、「ホワイトボード講義」のような構成になっている。2時間で気軽に読めるし、参照資料として使うことも可能だ。

▼The Dictionary of Brand

Marty Neumeier, AIGA

ポケットサイズの本で、アマゾンからのみ入手可能。デザイン・プロフェッショナル協会（AIGA）から発行された本書は、一般的なブランド用語を「規定」した初の本だ。用語について了承を得るため、経営、広告、市場調査、ビジネス出版、デザインなどの分野の10名の指導者を招き、諮問委員会を設けた。

▼Faster

James Gleick, Vintage

世界はスピードアップしつづけている――そういった私たちの感覚を裏付ける事実が、本書にはぎっしりと詰まっている。グリックによると、現代の「インスタントなコーヒー、インスタントな恋愛関係、インスタントなリプレイ、インスタントな満足感」が、医者や社会学者の言う〝せっかち病〟を生み出しているという。『ザグを探せ！』では、このような「急激なスピードアップ」を裏付ける事例は述べなかった。本書ですでに充分に紹介されているし、読者は〝せっかち〟だろうから。

▼**フラット化する世界**
トーマス・フリードマン著
伏見威蕃訳／日本経済新聞出版社

サプライ・チェーンのグローバル化にともなって、国家、社会、〝持てる者〟と〝持たざる者〟の境界は崩れ、ビジネスはますますスピードアップし、市場は氾濫とノイズに包まれるようになる。しかし、本書は決して悲観的な本ではない。フリードマンは、そのような環境に適応するための力強いアドバイスを伝授している。

▼**なぜ選ぶたびに後悔するのか**
バリー・シュワルツ著
瑞穂のり子訳／ランダムハウス講談社

従来は、選択肢が多ければ多いほどよいとされてきた。しかし、それはある時点までの話だとシュワルツは言う。その時点を超えると、選択肢はかえって邪魔になる。選択肢が多すぎるせいで、私たちはこれを選んでよかったのかと悩み、非現実的な期待をし、判断ミスで自分を責めるはめになる。多すぎる選択肢は、力になるどころか、疲労や憂うつのもとにさえなるのだ。あなたが、顧客の選択肢（つまり市場の氾濫）を増やすのではなく、少しでも減らしたいと考えているなら、必読の一冊だ。

▼**ポジショニング戦略**
アル・ライズ、ジャック・トラウト共著
川上純子訳／海と月社

70年代前半に一冊のパンフレットから始まった「ポジショニング」は、一冊の本にまで成長した。そしてそれ以来、輝きを失うことなくずっと進化しつづけている。ライズとトラウトは、差別化の〝ビッグ・バン〟的な存在である「ポジショニング」というコンセプトを生み出し、毎回異なる観点で十数冊もの本を執筆してきた。これらの本に書かれたシンプルな真実を理解できれば、9割のマーケターがとらえきれていないもの、つまり「顧客」を理解できることができるだろう。

▼**シンプルパワーの経営**
ジャック・トラウト、スチーブ・リブキン共著
永田仁、濱田継夫監訳／川島顯治訳／リック

シンプル性こそ、最強の売り込み手段だ。商業界でシン

プル性がこれほど大きな力を発揮しているのはそのためだ。本書では、この観点から、イン・アンド・アウト・バーガー、グーグル、iPod、ポスト・イットの成功を説明している。また、なぜシンプルな広告ほど効果が高いのか、なぜ簡潔に表現できないアイデアが市場で失敗しやすいのかも説明している。トラウトによれば、複雑さを取り除くことこそ、ビジネスを合理化し、利益を最大化する〝ナンバーワン戦略〟なのだという。実にシンプルな教えだ。

▼「みんなの意見」は案外正しい

ジェームズ・スロウィッキー著
小高尚子訳／角川書店

スロウィッキーは、斬新な理論を提起している。「どんなに優秀な一握りのエリートよりも、大人数の集団の方が賢い」。この発見は、ブランドが顧客の〝集団〟を作り上げる理由を理解するうえでとても役立つ。消費者は、〝みんなの意見〟に従ってさえいれば、それほど大きなミスを犯すことはないと分かっているのだ。

▼ブルー・オーシャン戦略

W・チャン・キム、レネ・モボルニュ共著
有賀裕子訳／ランダムハウス講談社

ブルー・オーシャン戦略は、ちょうど「過激な差別化」と対応している。その目的は、血みどろの戦い（レッド・オーシャン）に真正面から加わることではなく、ぽっかりと空いた市場空間（ブルー・オーシャン）を探し出すことだ。ブランドの「価値曲線」を競合他社と比較するという筆者の手法は、大局的な思考に明確さと厳密さを加えるのに役立つ。

▼ユニーク・ポジショニング

ジャック・トラウト、スチーブ・リブキン共著
島田陽介訳／ダイヤモンド社

毒舌で知られるトラウトは、本書でも共著者のリブキンとともに読者に手荒いパンチを見舞っている。ザグ探しの前に、さまざまな例やケース・スタディを学びたい読者には、本書と『フォーカス！』が特に役立つだろう。

▼リーディング・ザ・レボリューション
ゲイリー・ハメル著
鈴木主税、福嶋俊造共訳／日本経済新聞出版社

「イノベーティブな商品をひとつやふたつ開発するだけでは足りない。21世紀では、商品だけではなく、ビジネス・モデル全体で、絶え間ないイノベーションを行なう必要がある」。ハメルはそう訴え、革命家の卵たちに戦闘準備を促している。イノベーションは、ベスト・プラクティスになったとたんに威力を失ってしまう、と彼は言う。「差異化されていないということは、戦略的でないということだ」。企業のあらゆる地位にいる革命家たちにお勧めの一冊だ。

▼「紫の牛」を売れ！
セス・ゴーディン著
門田美鈴訳／ダイヤモンド社

著者は、差別化されたブランドを〝紫の牛〟に例えている。車で田舎を走っているとき、初めて茶色の牛を見ると目を奪われる。しかし、10頭やそこら見てしまったら、もう興味は失せてしまう。ゴーディンは、現代ブランドのさまざまな例を挙げながら持論を述べ、企業が〝群れ〟から抜きん出る方法を教えている。また、彼はいつものように宣伝にも目を向け、「テレビ・産業複合体」の死を告げている。前に進むべきときが来たということだ。

▼会議が変わる6つの帽子
エドワード・デ・ボーノ著
川本英明訳／翔泳社

企業の将来に関するブレインストーミングを行なうと、議論はたちまち混乱や対立に陥りがちだ。思考スキルの達人として知られるエドワード・デ・ボーノは、一度にひとつの思考方法に焦点《フォーカス》を絞ることで、集団から最善のアイデアを引き出す方法を教えている。提案すらしないうちにアイデアを〝撃ち落として〟しまわないように、彼は会議を6つの〝帽子〟に分類している（赤い帽子は感情的な視点、黒い帽子は批判的な視点、緑の帽子は創造的な視点）。ニュートロン社でも何度もこのシステムを使い、すばらしい成果を上げている。

▼発想する会社！

トム・ケリー、ジョナサン・リットマン共著
鈴木主税、秀岡尚子共訳／早川書房

ケリーは世界最高のデザイン・ファームIDEOのカーテンを開け、会社の内情を明かしている。ブレインストーミングやプロトタイプ製作をどう利用し、パームV、子ども用の〝太っちょ〟歯ブラシ、ウェアラブル（着用可能な）エレクトロニクスなどのイノベーション商品をデザインしているかを説明している。クールな一冊。

▼ブランド価値を高めるコンタクト・ポイント戦略

スコット・M・デイビス、マイケル・ダン共著
電通ブランド・クリエーション・センター訳／ダイヤモンド社

顧客がブランドを体験する場所（コンタクト・ポイント）を管理する手法が述べられている。組織の全員がブランド構築における役割を自覚できるように、デイビスとダンは顧客の体験を購買前、購買時、購買後に分類している。

▼ブランド・ポートフォリオ戦略

デービッド・A・アーカー著
阿久津聡訳／ダイヤモンド社

デービッド・アーカーは、10年以上にわたってブランド理論の構築に力を注いでおり、ブランドの管理に必要なあらゆる要素を定義・分類している。本書では、単一ブランドからブランド・ポートフォリオへと目を移し、ブランドを破壊せずに拡張する方法や、フォーカスを失うことなくビジネスを成長させる方法について述べている。

▼Designing Brand Identity

Alina Wheeler, John Wiley & Sons

ブランドは、アイデンティティ・マテリアルを通じて個性を明確にしないかぎり、差別化されているとは言えない。本書では、商標やグラフィックのさまざまな成功例が紹介されており、世界のトップ企業で戦略と創造性が実際にどのように結び付いているかを見事に説明している。とてもレベルの高い、必携の参照資料だ。

▼インターネット・ブランディング11の法則
アル・ライズ、ローラ・ライズ共著
恩蔵直人訳／東急エージェンシー出版部

ウェブ上でのブランド構築に悩む多くの人々に向けて、ライズ父娘が11の新たな法則を提唱。直感を見事に裏切る本書は、インターネットのあらゆる知識を疑うきっかけになるだろう。

▼経験価値マーケティング
バーンド・H・シュミット著
嶋村和恵、広瀬盛一共訳／ダイヤモンド社

「〝特性と便益（F&B）〟によるマーケティングの時代は終わった」。コロンビア大学ビジネス・スクールの著名なマーケティング教授であるシュミットはこう述べている。彼はさまざまなケース・スタディを例に取りながら、先進的な企業が感覚的、社会的、創造的な関連付けを利用してどのようにブランドを構築し、包括的経験価値を生み出しているかを説明している。シュミットは、「ブランド＝体験」という議論に学問的な裏付けを提供している。

▼エモーショナルブランディング
マーク・ゴーベ著
福山健一監訳／宣伝会議

感情、美、体験を作り出すことが、ゴーベのようなブランド専門家の専門領域だ。彼は、自社のポートフォリオを使って、デービッド・アーカーやバーンド・シュミットの理論を説明・補強し、論理と魔法がデザインの場でどう表現されているかを説明している。

▼ブランド・エクイティ戦略
デービッド・A・アーカー著
陶山計介、尾崎久仁博、中田善啓、小林哲共訳／ダイヤモンド社

アーカーは、名前、シンボル、スローガンが貴重な（そして測定可能な）戦略資産であることを証明し、ブランド革命の一斉射撃を開始した最初の人物だ。ブランド構築の知恵を吸収したい読者にとっては、最良の本だ。「ビジネス」と「ブランド」がますます切り離せない言葉になっている理由が分かるだろう。

▼「エスセティクス」のマーケティング戦略
バーンド・H・シュミット、アレックス・シモンソン共著
河野龍太訳／プレンティスホール出版

『経験価値マーケティング』の前書となる本書で、シュミットとシモンソンはアーカーの理論を補強し、感情を刺激するのは〝エスセティクス〟（外観、雰囲気）であると説明している。ブランドを魅力的に見せる要素は何か？　さまざまな状況に応じたスタイルやテーマは？　シンボルの持つ意味は？　これらの疑問に対する答えが、ブランド戦略とカスタマー・エクスペリエンスのギャップを埋めるうえで重要になる。

▼The Mission Statement Book
Jeffrey Abrahams, Ten Speed Press

アメリカの３０１の有名企業のミッション・ステートメントが収録された便利な参照資料。ジョンソン・エンド・ジョンソン、ケリーサービス、ＴＲＷ、ジョン・ディアーといった企業が取り上げられている。本書が必要になるのは、ミッション・ステートメントを考案するときくらいだろうが、そのときはまさに〝必須アイテム〟となるはずだ。

▼逆転のサービス発想法
ハリー・ベックウィス著
酒井泰介訳／ダイヤモンド社

「見えない商品、つまりサービスをどのようにマーケティングすればよいか」。広告業界の重鎮、ベックウィスが、ブランディング最大の難問に挑む。続編の『インビジブル・マーケティング』では、「価格」「ブランド」「見た目」「関係性」を、現代マーケティングの「４つの鍵」と位置付けている。形のある商品を売る人々にとっても、この原則をマスターする価値は大きい。〝見えない商品〟を売ることができれば、〝見える商品〟を売ることなど朝飯前だからだ。どちらの本も、面白くて印象的だ。

▼A Smile in the Mind

Beryl McAlhone and David Stuart, Phaidon

グラフィック・デザインの本を一冊だけ買うとしたら、この本がお勧めだ。デザイナーのスチュアートとライターのマカローンは、アメリカやヨーロッパのデザイナーたちが手がけたしゃれの利いた奥深い作品や、スチュアートの経営するロンドンの会社、ザ・パートナーズ社のいくつかの作品を例に挙げながら、機知《ウィット》こそがイノベーションの魂であることを証明している。

▼イノベーションの達人！

トム・ケリー、ジョナサン・リットマン共著
鈴木主税訳／早川書房

巨大デザイン・ファームIDEOのケリーは、アイデアを潰す「天邪鬼《あまのじゃく》」のパワーは絶大で、天邪鬼を黙らせるには10人のイノベーション指導者が必要だと述べている。現場で顧客の行動を観察する「人類学者」。新たな方法でアイデア、人間、テクノロジーを結び付ける「花粉の運び手」。イノベーションの前に立ちはだかる障害物を飛び越える「ハードル選手」などがその一例だ。

▼ブランド・リーダーシップ

デービッド・A・アーカー、エーリッヒ・ヨアヒムスターラー共著
阿久津聡訳／ダイヤモンド社

アーカーは、成功するためにはリーダー主導のブランディングが必要だと述べている。戦術的なアプローチから戦略的なアプローチに転換するには、組織の構造、体系、文化も転換させる必要がある。ふたりは、ヴァージン、スウォッチ、マリオット、マクドナルドなどの数々の事例を根拠に、それを証明している。

▼ブランド優位の戦略

デービッド・A・アーカー著
陶山計介、梅本春夫、小林哲、石垣智徳共訳／ダイヤモンド社

『ブランド・エクイティ戦略』の続編。アーカーは、企業ブランドの多くが、複雑に絡み合うブランドとサブブランドの大規模な体系の一部であると述べている。そのうえで、明確性とシナジー効果を最大化するための「ブランド体系」の管理方法、変化する環境への適応方法、

新市場や新商品へのブランド資産の拡大方法を解説している。

▼**ビジョナリー・カンパニー**

ジェームズ・C・コリンズ、ジェリー・I・ポラス共著
山岡洋一訳／日経BP出版センター

コリンズとポラスは、ブランドは維持できなくても企業は維持できると述べている。長寿の秘訣は、「基本理念を維持し、進歩を促す」ことだ。あなたのビジネスの基本理念は？　価値は？　約束は？　個別ブランドにせよ、マスター・ブランドにせよ、基本理念に基づいて差別化を行なうことが重要だ。6年間の調査をもとに書かれた本書には、一定の信頼性がある。

▼**トム・ピーターズの起死回生**

トム・ピーターズ著
仁平和夫訳／阪急コミュニケーションズ

『エクセレント・カンパニー』の共著者であり『トム・ピーターズの経営創造』の著者でもあるピーターズは、イノベーションを「あまりに軽視されているビジネス利益」と呼び、そのパワーを明らかにしている。彼はイノベーションの一例としてデザインを挙げ、「デザインで勝負は決まる！」と述べている。イノベーティブなデザインのお手本とも言える本書は、マグニチュード10の衝撃。どんな頑固者でも言いくるめられてしまうこと間違いなしだ。

▼**フォーカス！**

アル・ライズ著
川上純子訳／海と月社

ライズは、ブランドを弱体化させる誤った製品ラインの拡大に力強く反論している。ブランドの成功のもとになったフォーカスを損ねることなく、企業を進化させ、市場シェアを伸ばし、株式価値を高める方法について解説している。

▼**最強組織の法則**

ピーター・M・センゲ著
守部信之訳／徳間書店

センゲは、企業経営の原則として、システム思考（彼の

言う「第五のディシプリン」)、自己マスタリー、チーム学習などのディシプリンを挙げ、従業員や管理者にメンタル・モデルを見直すよう勧めている。メンタル・モデルは、初めのうちは組織の成功を体系化するのに役立つが、次第に市場に応じて進化するうえでの妨げになっていくからだ。センゲは、典型的なシステム思考に基づいて彼自身のメンタル・モデルを紹介し、企業を包括的に見つめなおすきっかけを与えている。

▼イノベーションへの解

クレイトン・M・クリステンセン、マイケル・E・レイナー共著
玉田俊平太監修／櫻井祐子訳／翔泳社

著者は、イノベーティブな企業が将来の成功を見据え、競合他社と比べて「十分でない」商品やサービスを利用してどのように既存の企業を破壊するかを述べている。また、大企業は、好戦的な新興企業に地位を奪われるのを黙って見過ごす必要はないとも述べている。独創性にあふれた一冊。

▼アンスタック!

キース・ヤマシタ、サンドラ・スパタロ共著
熊本知子訳／ベストセラーズ

何もかもうまく行かないときは、「行きづまりを解決せよ」。ストーン・ヤマシタ・パートナーズの創立者と組織行動学の教授が手がけた本書は、コラボレーション改善のヒントやコツが満載。ビジュアル性の高いレイアウトと〝一口サイズ〟のアイデアを組み合わせた本書は(『ザグを探せ!』と少し似ている)、楽しくて読みやすく、チームに刺激を与えてくれる。内容は説明的というよりも直感的で、読者が自分で頭を動かすことができる。

マーティの辛口ネーミング批評

98、151ページに、強いブランド名と弱いブランド名のリストを掲載した。これは、私の独断と偏見によるものだが、根拠も示さずに決めつけたままなので、次の基準に基づき、各ブランド名の簡単な批評を載せることにする。

強い名前とは、次の7つの条件を満たすブランド名だ。

1．差別化されている

競合他社の名前とははっきり区別でき、文章の中に埋もれてしまわないこと。これは「会話内における可視性（speech-stream visibility）」と呼ばれ、その名前が目や耳によって一般的な単語ではなく固有名詞としてとらえられるという性質だ。

2．簡潔である

長すぎると、人々は名前を略そうとする。これは、ブランドにとっては不利益となりかねない。

3．適切である

ただし、あまりに説明っぽい名前だと一般的な用語に聞こえてしまう。説明も兼ねる名前を選ぶというのは、犯しやすいミスだ。そういった名前は、そのほかの説明的な名前とごっちゃになってしまう。実際、強いブランド名は「意味不明」（つまり、名前と商品、サービス、企業との関連性がよく分からない）にもかかわらず、「何となく適切」と感じられる場合がある。

4．スペルが簡単である

書き取り問題で出題されるような名前を付けると、顧客は混乱するし、正確な入力が求められるデータベースではアクセスしづらくなる。

5．発音しやすい

よい名前は「口当たり」がよい。響きがよければ、口に出してもらえる機会が増える。

6．「言葉遊び」に適している

よい名前にはクリエイティブな「応用性」がある。優れた物語、グラフィクス、ＰＲ、広告、コミュニケーションの種になる。

7．法的に保護できる

特許庁は、音の似た名前や見た目の似た商標で消費者を惑わせないよう指導している。法的リスクが少ないほどよい名前だ。

▼銀行

【Citibank（シティバンク）】この名前の売りは何といっても簡潔さだ。やや説明っぽいが（「バンク」の部分）、大半の銀行名と比べるとユニークだ。

【First Bank & Trust（ファースト・バンク・アンド・トラスト）】これはひどい。あまりに一般的で、新聞漫画にでも出てきそうな名前だ。セカンド・バンク・アンド・トラストなど存在するのだろうか？　そもそも、何が「ファースト」なのだろう。一番街にあるから？　最初に作られた銀行だから？　ナンバーワンの銀行だから？　この名前からすると、どれも違うようだ。

▼映画スタジオ

【Dreamworks（ドリームワークス）】会社の正式名称はドリームワークスＳＫＧだ。ＳＫＧは、共同創業者（スピルバーグ、カッツェンバーグ、ゲフィン）の頭文字だが、ちまたでは単に「ドリームワークス」と呼ばれている。この名前は、「夢工場（ドリーム・ファクトリー）」と呼ばれるハリウッドを連想させる。簡潔・明瞭で、スペルも簡単だ。

【United Artists（ユナイテッド・アーティスツ）】この名前にはすばらしい由来がある。この会社は、俳優自身が経営する初のスタジオだったのだ。しかし、この名前には革命的というよりも官僚的な響きがある。最終的にはＵＡと略されたのだが、さらに弱い名前となってしまった。

▼運送

【FedEx（フェデックス）】当初はフェデラル・エクスプレス（Federal Express）という社名だった。これは、「fed」「er」「al」「ex」「press」と5音節もある。これでは長すぎるため、代わりにフェデックスと呼ばれるようになった。冒頭の7つの基準で見ると、フェデックスの方がはるかによい名前だろう。この名前が定着したのも納得だ。

【DHL（ディー・エイチ・エル）】問題――ＤＨＬは何

の略語か？　降参？　実は、国際運送会社ＤＨＬを設立したダルシー、ヒルブロン、リンの頭文字だ。これほど覚えづらく、分かりづらい3文字のイニシャルはないだろう。「ダイアン、この荷物、あの会社で送ってちょうだい。ええと、何て名前だっけ――忘れちゃった。やっぱりフェデックスでお願い」

▼SUV

【4Runner（フォーランナー）】トヨタの四輪駆動車の名前だが、まるでこのクルマが「先駆者（Forerunner）」だという印象を与える。唯一心配なのは、4Runnerの4という数字だ。データベースではアクセスしづらいからだ。よって、「FourRunner」の方がさらによいだろう。

【Touareg（トゥアレグ）】トゥーアレグ、トゥーレグ、トーレグ、トゥアーレグ、トゥアレグ……、何と発音すればいいのだろうか？　トゥアレグが正しいと分かっても、しっくりこない。このクルマは売れてはいるが、この分かりづらい発音やスペルのおかげではないだろう。

▼スキンケア

【Olay（オーレイ）】美しい名前だ。柔らかくてスムーズな肌を連想させ、商品ラインの内容にも合う。

【Noxzema（ノグゼマ）】オーレイとは正反対。醜く、スペルが難しく、適切でない。本来、この名前は「no eczema（湿疹にさようなら）」の略だった。これでもひどいが、「ノグ（nox）」の部分は「有害な（noxious）」「不快な（obnoxious）」「梅毒（pox）」といった不快な単語を連想させる。

▼農機具

【John Deere（ジョン・ディアー）】「誰にもディアーの走りはマネできません」がこの農機具会社のタグラインだ［社名のディアー（Deere）とシカのディアー（deer）をかけている］。これこそ言葉遊びに適した名前だ。会社名はディアー・アンド・カンパニーだが、ジョン・ディアーの方がより印象的で、親近感がわく。Ｄ＆Ｃといったいかにも「プロフェッショナル」な名前には変えない方がいいだろう。

【AGCO（アグコ）】AGCOが農業関連の企業だということまでは何とか分かったとしても「ＡＧの部分がagriculture（農業）を連想させる」（実際、農機具を販売する会社だ）、ジョン・ディアーほど語呂がよくないし、イメージも浮かびにくい。イニシャルは、透明人間のマントのようなものだ。ビジネスの世界にこっそりと忍び込み、こっそりと抜け出したいのならうってつけの名前だが。

▼投資

【Charles Schwab（チャールズ・シュワブ）】シュワブというのはあまりよい名前ではないが、チャールズはよい名前だ。そして、ふたつを組み合わせてチャールズ・シュワブとすれば、偉大な男の名前になる。企業は、創業当時からこの名前を有効に活用してきた。創業者が有名で、信頼でき、企業の意味と矛盾しない人物なら、本名を使うのは極めて効果的だ。

【Wachovia（ワコビア）】この投資会社は、名前が発音しづらく、社名を広めるのに四苦八苦している。しかし、悲しいかな、その発音は「Walk over ya（あなたを踏みにじる）」に近い。これは企業にとってはあまり望ましくないイメージだ。発音を「Watch over ya（あなたを世話する）」に変えた方がいいのではないだろうか。

▼雑誌

【dwell（ドゥウェル）】住まいの雑誌には、説明っぽいタイトルが多いが（「ホーム」「ハウス・ビューティフル」「ハウス・アンド・ガーデン」）、ドゥウェルは新鮮で魅惑的だ。雑誌のコンセプト——持続可能な現代建築——も新鮮で魅惑的だ。

【Architectural Digest（アーキテクチュラル・ダイジェスト）】舌を噛みそうな長い名前のせいで、学問的な雑誌のような印象を受ける。さらに、売店に並べたときに雑誌のロゴがほとんど見えなくなってしまう。編集者でさえ、なるべくADという略語を使おうとしている。これでは、自社のブランドに透明人間のマントをかぶせるようなものだ。

▼スポーツアパレル

【Under Armour（アンダーアーマー）】鎧《アーマー》も着けずに戦いをする気にはならないだろう。アンダーアーマーは、戦っているあいだアスリートの身体を陰ながら守るというイメージを売りにしている。タグラインは「この場所は、絶対に譲れない」だ。よく意味は分からないが、私は好きだ。

【InSport（インスポーツ）】インスポーツもアスリート向け衣類を作っているが、名前の響きは平凡に感じられる。私ならアンダーアーマーを選ぶ。

▼キャットフード

【Meow Mix（ミャオミックス）】「ネコまで名前を覚えちゃうキャットフード」。すばらしい。響きはいいし、特徴的だし、スペルも簡単だし、イメージもわく。「ミャオ・ミャオ・ミャオ・ミャオ」というテレビ・コマーシャルからも分かるように、広告的にも魅力がある。ネーミングとしてはA^+だ。

【Eukanuba（ユーカヌバ）】イーカヌバ？　ヌーカユバ？　オイカナバ？　商品はすばらしいのだろうが、私ならミャオミックスの袋を手に取るだろう。私のネコも「ユーカヌバちょうだい」なんて言わないだろうし。

▼路線バス

【Greyhound（グレイハウンド）】バスをスマートに見せるには？　車体に狩猟犬のイラストを描くことだ。しっくりとくる名前の典型例だ。

【Intercity Transit（インターシティ・トランジット）】グレイハウンドとインターシティ・トランジットのどちらかを選べるとしたら、どちらを利用するだろうか？　私なら、大差でグレイハウンドを取る。インターシティ・トランジットは、「インナーシティ・トランジット」にも聞こえる。スマートで豪華というよりは、タフで固い印象だ。

▼PDA

【BlackBerry（ブラックベリー）】説明っぽくない適切な名前の好例だ。アップルと同様に、ブラックベリーという名前は心理的なイメージを作り上げる。そのイメージは、キーボードの「種」のデザインによってさらに強められる。リサーチ・イン・モーションというぎこちない社名を持つ会社にしては、大幅な「節約」だ。

【Anextek SP230（アネックステック SP230）】ブラックベリー・タイプのアネックステック SP230 という商品なしでは生きられない——名前もすごく呼びやすいし——なんて言う人はまさかいないだろう。

▼カフェ、ティー・ショップ

【Starbucks（スターバックス）】スターバックスという名前は口当たりがよい。これも、説明っぽくない名前の一例だ。商品を説明しようとするのではなく、何となく適切な「感じ」を醸し出そうとする名前だ。スターバックスという名前は、寝ぼけた朝のブラック・コーヒーのように、強烈な印象を与える。

【The Coffee Bean & Tea Leaf（ザ・コーヒー・ビーン&ティー・リーフ）】ザ・コーヒー・ビーンは、70年代のコーヒー・ブームの初期に生まれた最初のコーヒー豆ショップのひとつだ。しかし、名前だけ取ってみれば、競合他社と区別が付かなかった。数年後、会社は市場シェアの減少に歯止めをかけるべく、名前に「&ティー・リーフ」を付け加えた。しかし、これは問題を悪化させただけだ。名前がいたずらに長くなっているし、ブランドのフォーカスがあいまいになっている。

▼ケータイ・サービス

【Orange（オレンジ）】ヨーロッパのケータイ・サービス会社が採用したこの名前は、アップル社と同様に、親しみやすいフルーツだけでなく、その親しみやすい色まで巧みに利用している。シンプルなケータイを目指す会社にはうってつけの名前だ。

【Metro PCS（メトロＰＣＳ）】「メトロ」の部分はＯＫ。しかし、ＰＣＳはいかがなものだろうか？　競争の激しいケータイ業界では、利用できるものは何でも利用しなければならない。もう少し頭に残る名前を付けていれば、幸先のよいスタートを切れていたかもしれない。

▼ナチュラル・ケア

【Burt's Bees（バーツビーズ）】バート・シャビッツは、実在の人物だ。彼の育てたハチから、ナチュラル・スキンケア商品の原料が取れる。巨大な化学ブランドが独占する市場においては、すばらしいザグだ。バートと彼のハチが、あなたの肌をみるみるきれいにしていく様子が目に浮かぶだろう。きれいにするといっても、もちろん間接的にだが。

【Herbal Luxuries（ハーバル・ラグジュアリーズ）】これはブランドの名前というよりも、無味乾燥《ブランド》な名前だ。格安の模造品を連想させる。安さが売りなら問題ないのだが。

▼冷蔵庫

【Sub-Zero（サブゼロ）】この冷蔵庫の名前は、どういうワケか覚えやすい。簡潔さ、スペルの簡単さでも合格だ。このような定評ある商品にとっては、これだけでも充分だろう。

【Thermador（サーマドアー）】サーマドアー冷蔵庫？　普通、「サーマ（therm）」と言えば、「サーマル・バス」などのように、暑いというイメージではないだろうか？

これは、実際の名前と企業側の考える意味があまり一致していない例だ。

▼**法律事務所**

【Orrick（オリック）】巨大法律事務所のオリックは、オリック・ヘリントン&サトクリフの略だ。秀逸なのは、オリックという名前以外をすべて切り捨て、Oという文字をオリックのシンボルにしたことだ。慣習にとらわれて追随できずにいる競合他社は、オリックに大きなリードを許している。

【Wilson Sonsini Goodrich & Rosati（ウィルソン・ソンシーニ・グッドリッチ&ロザーティ）】このような長い名前は法律事務所には珍しくないが、あまりよいネーミング方法とは言えない。結局、略してウィルソン・ソンシーニと呼ばれている。グッドリッチとロザーティには申し訳ないが、短い名前の方がすべてのパートナーにとって好都合だろう。

▼**オフィス機器**

【Xerox（ゼロックス）】初めは発音に戸惑うが、このキャッチーな名前は会社の成功に大きく貢献した。この単語は「コピー」と同じ意味を持つほどになった。たとえば、「I'll make you a Xerox.（ゼロックスしてあげる）」「Can you Xerox this for me?（これ、ゼロックスしてくれない？）」といった具合だ。人々は、この名前の威力と限界を見誤り、ありえない意味まで生み出した。私はエプソンのコピー機を使っているが、いまだに「Xerox my documents（文書をゼロックスする）」なんて言い方をしている。

【Kyocera Mita（京セラミタ）】キョウ——ソラナンダッタ？　私ならエプソンを使う。

▼**オンライン決済**

【PayPal（ペイパル）】短くて響きがよい。名前に「ペイ」を含む競合他社が現れたとしても、語頭の「P」で韻を踏んでいるこの名前には太刀打ちできないだろう。

【Click & Buy（クリック・アンド・バイ）】私は途中に「アンド」が入っている名前にはほとんど興味がない。というのも、ひとつではなくふたつの概念を押し付けられているような気がするからだ。そして、ふたつとも一般的な単語の場合は効果もあまりない。

▼**ネットワーク・ストレージ**

【Brocade（ブロケード）】ネットワーク・ストレージ

企業の名前としてはほぼパーフェクト。「ブロ」と「ケード」は、強くて頑丈な響きがある。さらに、「ケード」という終わり方も気持ちがよい。もちろん、丈夫な織物の一種である金欄《ブロケード》ともかかっており、ネットワークを表す見事な隠喩になっている。

【Network Storage Corporation（ネットワーク・ストレージ・コーポレーション）】目に飛び込んでくるのは大文字だが、耳に飛び込んでくるのは小文字の方だ。この名前はあまりに一般的なので、ブランド名でなく説明に用いる方が適しているかもしれない。たとえば、「ネットワーク・ストレージ企業《コーポレーション》のブロケード社は――」という具合だ。

▼石油・ガソリン

【Shell（シェル）】石油会社の中でも1、2を争う名前。貝という意味を持つ「シェル」は、簡潔で、スペルも簡単で、イメージしやすい。透きとおるような青い波が押し寄せる砂浜をイメージしていると、地球温暖化のことなどすっかり忘れてしまいそうだ。

【Unocal（ユノカル）】石油会社が合併するとしたら、真っ先に消滅する名前ではないだろうか。あまりにあいまいで味気なく、何の意味もないように思えるからだ。

▼勃起不全治療薬

【Viagra（バイアグラ）】薬の名前として、史上最高傑作のひとつ。バイアグラはナイアガラと音が似ているが、ナイアガラよりもエネルギーが感じられる。新婚生活はまだ終わったわけじゃない、と暗示しているのだ。

【Cialis（シアリス）】この名前はバイアグラの足元にも及ばない。音が柔らかい印象で、勃起不全治療薬というよりも花の名前のようだ。さらに、頭文字がCのため、スペルが複雑になっている［Sの方が普通］。

▼請求処理サービス

【Department B（デパートメントB）】Bはbilling（請求処理）の頭文字だ。この会社を利用すれば、医師は経理や保険の事務をアウトソーシングし、空いた時間を患者にまわせる。また、Department BをDeptBと略しても、アイデンティティを損なわない。（この名前を考案したのは私の会社だ。）

【American Billing Service（アメリカン・ビリング・サービス）】請求処理サービスの典型的な（そして平凡な）名前だ。

▼自動車

【Crossfire（クロスファイア）】クライスラー・クロスファイア（「クライスラー」と組み合わせると語呂がよくないだろうか?）は、細密なエンジンを全開にし、キレのあるスポーツカーで街中を切り裂く光景を連想させる。

【Achieva（アチーヴァ）】この名前は不誠実で恩着せがましい印象を与えるかもしれない。低価格なオールズモビルの自動車を購入することを「ステップアップ」ととらえる人々はいても、それを「偉業《アチーブメント》」と考える人などいるだろうか? 大半の人々にとっては、アチーヴァは名前負けだろう。

▼自動車保険

【Progressive（プログレッシブ）】自動車保険会社にはひどい社名が多いが、この名前は抜群だ。会社の「革新者」という評判とうまく整合しているからだ［Progressiveには「革新的な」という意味がある］。

【GEICO（ガイコ）】対照的に、この名前はあまりよくない。この企業は、発音の訂正にすべての広告予算をつぎ込むはめになっているからだ。しかし、ＧＥＩＣＯのテレビＣＭにヤモリを起用するのは本当に効果的なのだろうか?［ヤモリは英語でゲッコーと発音するため、ガイコと音が近い］ＡＦＬＡＣのアヒルはヤモリほど奇妙ではないが、ヤモリもアヒルもブランドの意味を明確にするのにはあまり役立っていない。

▼インターネット電話

【Lingo（リンゴ）】インターネット電話会社にふさわしいスラング風な名前だ。もっとも驚くべきなのは、「.com」ドメインにこの名前を利用できたという点だ。

【iConnectHere（アイ・コネクト・ヒア）】別のインターネット電話会社の名前だが、この一般的な名前が世間に広まっているようには思えない。あなたはどう思う?

▼ジャム

【Smucker's（スマッカーズ）】タグラインは「スマッカーズという名前なのだから、美味しくないわけがない」。このタグラインは、「変な会社名!」という自虐的なユーモアだが、実際にはまったく悪くない。スマッカーという創業者の名前は、信憑性を増すだけでなく、思わずペロペロと舌をなめてしまうような美味しいジャムを想像させる［「舌鼓を打つ人」という意味の smacker

と音が似ている」。

【Mary Ellen（メリーエレン）】確かに、メリーエレン・ジャムは興味を惹くかもしれない。しかし、この会社はメリーエレンという人物をイラストや物語できちんと描いていないため、名前だけが宙ぶらりんの状態だ。

▼テレビ検索

【MeeVee（ミーヴィー）】自分専用のエンターテイメント・スケジュールをプログラムできるこのサービスは、TV（ティーヴィー）と韻を踏んでいる。絶妙なネーミングだ。

【Blinkx（ブリンクス）】ミーヴィーの競合相手だが、名前はミーヴィーほど絶妙な感じがしない。本当はBlinxではなくBlinxにしたかったところを、ドメインがすでに取られていたのでこの名前にしたのではないだろうか。しかし、KとXを重ねるのは、ベルトとサスペンダーの両方を着けるようなものだ。少なくとも、ズボンは落ちないだろうが。

▼事務用品

【Staples（ステープルズ）】ステープルズ社のトラックの後ろには、「空のステープラー（ホッチキス）が飛び出してきたら、ブレーキを踏みますのでご注意を」と書かれている。ステープルズという名前には、「ホッチキス針」と「必需品」というふたつの意味が見事にかけられている。

【OfficeMart（オフィスマート）】響きはよいが、あまりに一般的すぎて、オフィス・デポ、マイオフィス、ザ・オフィス・ストア、オフィス・マックスといったほかの店と混同される恐れがある。

▼女性向けテレビ

【We（ウィー）】Women's Entertainmentを超簡略化したウィー（We）という名前は、「テレビ・ネットワークのコミュニティ」という雰囲気を醸し出している。見事なネーミングだ。

【Romance Classics（ロマンス・クラシックス）】「ウィー」に改名される前の名前だ。何の芸もない。

▼PCサウンド・カード

【Mockingboard（モッキンボード）】消費者に商品を買ってもらい、噂を広めてもらうには、覚えやすい名前でなくてはならない。多くのエレクトロニクス企業が忘れているのはその事実だ。モッキンボードなどは、サウンド・カード商品にはうってつけの名前だ。

【Terratec EWS64 XL（テラテック EWS64 XL）】サウンド・カードに Terratec EWS64 XL という名前を付ければ、消費者をイライラさせられること間違いなしだ。

▼光学レンズ

【Carl Zeiss（カール・ツァイス）】もちろん、カール・ツァイスは創業者の名前だが、舌音（サ行、タ行、ラ行）が多いという点でも高得点だ。精密レンズのメーカーである「ツァイス」は、「精密な（precise）」や「ガラス（glass）」といった単語と音が似ていて、ドイツの高度な技術を連想させる。

【Sony Lenses（ソニー・レンジーズ）】条件がすべて同じだとしたら、ソニー・レンズとカール・ツァイス、どちらを選ぶだろうか？ ソニー自身さえ、〝プロシューマー〟向けカメラのブランド・アピールを向上させるために、ツァイスと提携している。

▼生命保険

【MetLife（メットライフ）】「Metropolitan Life Insurance」の略語としては効果的だ。MLIなどの略語よりはるかによい。うまい「節約」だ。

【American United（アメリカン・ユナイテッド）】この生命保険会社の名前は略しようがない。アメリカン・ユナイテッド？ アメリカに忠誠を誓ったばかりに、透明人間のマントを羽織るはめになってしまった。

▼ウェブ検索

【Google（グーグル）】会社が公表しているとおり、グーグルという名前の由来はグーゴル（googol）だ。グーゴルとは、1の後ろに0が100個付く数字（10の100乗）のことだ。この名前のすばらしい点は、グルグルとした（googly）目をイメージさせる点ではないだろうか。検索のイメージとぴったりだ。

【Ask（アスク）】従来のブランド名「アスク・ジーブス」の方がよいだろう。簡潔さという面ではアスクが上回るが、差別化という面ではジーブスの方が上だ。大半のアメリカ人がジーブス（P・G・ウッドハウスのユーモア小説に登場する有能な執事）という名前に馴染みがないという点は、不利ではなくチャンスだ。名前をジーブスに短縮し、物語をブランド資産ととらえるべきだっただろう。

用語解説

日本語版編集部

本文中のキーワードのうち、原書で説明がなされていないものは、必要に応じて括弧書きで訳注を加えるよう努めましたが、見送ったものや説明が最小限だったものにつきましては、ここに簡単な解説を掲載いたします。

▼エクスペリエンス・デザイン

【Experience Design】マーケティングやブランド戦略の文脈では、カスタマー・エクスペリエンス（顧客経験価値）のデザインを意味し、コンタクト・ポイントに関する創意工夫をさす。

▼カスタマー・エクスペリエンス

【Customer Experience】機能や品質などのように商品・サービスそのものに備わる価値ではなく、商品・サービスの購入に至るまでの過程、購入の過程、購入後の使用過程において顧客が「体験」する価値のこと。「顧客経験価値」と訳されることが多い。

▼コンタクト・ポイント

【Contact Point】顧客とブランドとの「接点」のことで、顧客があるブランドを「体験」し、イメージを形成するすべての接点をさす。商品そのものや店舗での接客などに限らず、広告、ウェブサイト、新聞・雑誌の記事、口コミ、電話の応対、プロモーション、イベント、建物、インテリア、ディスプレイ、什器、パッケージ、ペーパー・アイテムなど、あらゆる「接点」をさす。「タッチ・ポイント」ともいう。

▼サブ・ブランド

【Subbrand】マスター・ブランドの下位に置かれる、副次的なブランド要素。マスター・ブランドの意味を修正・強化する。ソニーであれば、「ソニー・ウォークマン」「ソニー・サイバーショット」などが、ハイアットであれば、「パーク ハイアット」「ハイアット サマーフィールド スイーツ」などが、ニベアであれば、「ニベア・フォー・メン」「ニベア・ヴァイタル」などが該当する。ブランドの拡張が期待できる反面、ブランドを複雑化させてしまうリスクもある。

▼タグライン

【Tagline】企業をはじめとする組織のロゴに添えられる、顧客へのメッセージをキャッチフレーズ化したもの。アサヒビールの「すべては、お客さまの『うまい！』のために。」、味の素の「あしたのもと」、日立製作所の「Inspire the Next」などが代表例。立命館大学の「＋R未来を生みだす人になる。」などのように、企業以外でタグラインを設定する組織もある。

▼トゥルーライン

【Trueline】著者が社長を務めるニュートロン社のウェブサイトでは、トゥルーラインを「あなたのブランドで最も人を惹き付ける差別化要因の内部表現」と定義している。そして、ブランド・メッセージの中心に「目的」、その外側に「ミッション」、さらに外側に「ビジョン」、「トゥルーライン」、「タグライン」と、同心円状にブランド・メッセージのヒエラルキーを定義している。詳細は、www.neutronllc.com/ideas/brand_messaging を参照。

▼ニッチ

【Niche】元々は「くぼみ」「すきま」という意味。マーケティング用語では、需要の規模が小さいなどの理由から大資本が参入してきにくいすきま市場を「ニッチ市場」と呼び、そこへ投入される商品を「ニッチ商品」と呼ぶ。また、そうした商品を中心に手がける企業を「ニッチ産業」「ニッチャー」と呼ぶ。

▼ビジネス生態系《エコシステム》

【Business Ecosystem】ビジネスのあり方を生態系に見立てた概念。自社中心主義ではなく、数ある他社との共生的関係の中で自社をとらえてこそ、存続・繁栄がもたらされるとする考え方。

▼フォーカス

【Focus】商品・サービス、市場の的を絞ること。集中。「フォーカスする」「焦点を絞る」「一点集中する」などと表現される。対立概念は、「ライン拡大」「多角化」など。

▼ブランディング

【Branding】ブランドを構築し、その価値を維持・強化させ、競合からその価値を守ろうとする一連のプロセス。

▼ブランド・コミュニケーション

【Brand Communication】ブランド構築を目的とするコミュニケーションで、顧客によるブランド価値共有をめざす活動をいう。手段としては広告、プロモーション、人的販売などはもちろん、それ以外の各種コンタクトポイントも含まれる。「統合型マーケティング・コミュニケーション」とほぼ同義。

▼ブランド・ポートフォリオ

【Brand Portfolio】「ポートフォリオ」とは、元々「書類ばさみ」「書類入れ」「折りかばん」という意味。画家が自分の作品を書類ばさみに挟んで保管したことから「作品集」という意味が生まれたり、投資家が有価証券を挟んで保管したことから、個人や企業が所有する「資産構成」という意味が生まれた。「ブランド・ポートフォリオ」という場合、ある組織が保有している複数のブランド資産の集合体を意味し、それらの最適化を図りつつ長期的収益を確保しようとする戦略を「ブランド・ポートフォリオ戦略」と呼ぶ。

▼ブランド・ポジショニング

【Brand Positioning】「ポジショニング」「リポジショニング」の項を参照。

▼ブランド・ロイヤルティ

【Brand Loyalty】「顧客ロイヤルティ」の項を参照。

▼ブランド拡張

【Brand Extension】ある商品・サービスで構築されたブランドを、他の商品・サービス、カテゴリーにも活用すること。ブルガリのホテルブランド「ブルガリ・ホテルズ・アンド・リゾーツ」、スターバックスの缶コーヒーブランド「スターバックス・ダブルショット」、ヴァージンの飲料ブランド「ヴァージン・コーラ」などが該当する。

▼プロダクト・プレースメント

【Product Placement】テレビ番組や映画などの中で、特定の商品を目にとまるように小道具として配置することで、宣伝を図ろうとする広告手法。

▼ベスト・プラクティス

【Best Practice】最良事例・成功事例のことで、トヨタの〝かんばん方式〟のように、他社でも導入できるよう、標準化・モデル化されるものもある。製造、販売、医療、ソフトウェア開発などの分野で一般的。

▼ポジショニング

【Positioning】 ブランド、商品・サービスの特性を、消費者の頭の中で位置づけてもらうこと。無印良品なら「シンプル」という商品特性に基づくポジショニングに、ユニクロなら「低価格・高品質」という価格と商品特性に基づくポジショニングに成功している。

▼マーケティング・コミュニケーション

【Marketing Communication】 広告、プロモーション、人的販売、ＰＲ、口コミなど、マーケティングの主体の意図を客体である消費者に伝える活動。

▼リポジショニング

【Repositioning】 ポジショニングを変更すること。勢いを失ったブランドの回復を図るときや、新カテゴリーへの進出時などに行なわれる。成功の一例として「ホッピー」が挙げられる。中高年の飲み物とみなされがちで、売上も低迷していたホッピーは、「プリン体ゼロ・低カロリー・低糖質」を前面に出す戦略に転換した結果、健康志向などのトレンドに乗り、売上を回復路線に乗せた。

▼ロイヤルティ

【Loyalty】 愛着、忠誠、忠誠心という意味で、「顧客ロイヤルティ」「ロイヤルティ・プログラム」などの文脈で使われる。「ロイヤリティ」と言われることもある。混同しがちなのが、語頭がＲのRoyalty（ロイヤリティ、ロイヤルティ）で、こちらは「何らかの権利を利用する者が権利者に支払う対価」を意味する。「フランチャイズ・チェーンのロイヤリティ」「ロイヤリティ・フリーの写真素材集」などという場合は後者をさす。

▼ロイヤルティ・プログラム

【Loyalty Program】 顧客維持を目的に、会員に対して期間限定の値引きを行なったり、購入金額に応じて次回以降の購入時に使用できるポイントを加算したりする制度。「メンバーズカード」「ポイントカード」などと呼ばれるもの。

▼顧客ロイヤルティ

【Customer Loyalty】 あるブランド、商品・サービスに対して、顧客がどの程度愛着・忠誠心を持っているかを示す概念。顧客ロイヤルティが高ければ、競合の存在する市場でも顧客維持は容易になる。顧客維持率がひとつの指標になる。

訳注

PART 1

（1）ここでいう「ジョブ（Job）」は、解決すべき問題や改善したい状況を意味する。『イノベーションの解』（クレイトン・クリステンセン、マイケル・レイナー共著、玉田俊平太監修、櫻井祐子訳、翔泳社、2003年）では「用事」と訳されている。

PART 2

（1）訳語は『ブランドギャップ』（マーティ・ニューマイヤー著、宇佐美清監訳、ALAYA訳、トランスワールドジャパン、2006年）に倣った。

（2）ハーバード・A・サイモン著『システムの科学　第3版』稲葉元吉、吉原英樹共訳、パーソナルメディア、1999年、133ページ。

（3）ジェームズ・C・コリンズ、ジェリー・I・ポラス共著『ビジョナリー・カンパニー』山岡洋一訳、日経BP出版センター、1995年、124ページ。

（4）『魂について』（アリストテレス著、中畑正志訳、京都大学学術出版会、2001年）を参照。

（5）ピーター・M・センゲ著『最強組織の法則』守部信之訳、徳間書店、1995年、177～178ページ。

（6）同右、177～178ページ。

（7）スコット・M・デイビス、マイケル・ダン共著『ブランド価値を高めるコンタクト・ポイント戦略』電通ブランド・クリエーション・センター訳、ダイヤモンド社、2004年、16～17ページ。

（8）訳語「個別ブランド」「マスター・ブランド」は、『ブランド・ポートフォリオ戦略』（デービッド・A・アーカー著、阿久津聡訳、ダイヤモンド社、２００５年）に倣った。

（9）同右、12ページ。

PART 3

（1）訳語「持続的イノベーション」「破壊的イノベーション」は、クレイトン・クリステンセン、マイケル・レイナー共著（玉田俊平太監修、櫻井祐子訳）前掲書に倣った。

（2）同右、２３０ページ。

（3）ルイス・V・ガースナー著『巨象も踊る』山岡洋一、高遠裕子共訳、日本経済新聞出版社、２００２年、３０５ページ

ニュートロン社について

『ザグを探せ！』で紹介したアイデアの多くは、ニュートロン社の実例に基づいている。ニュートロン社は、私が２００３年に設立したブランディング専門のシンクタンクであり、複雑な組織でシンプルなアイデアを実践するにはどうすればよいか、というブランド構築の中心的な問題の解決に取り組んでいる。世の中には、この問題を解決できていないブランドがあふれている。

当然のことながら、シンプルなアイデアを実践するには、まずシンプルなアイデアを用意する必要がある。それも、ユニークで魅力的なアイデアを。経験から言えば、企業の独自の強み《バリュー・プロポジション》がシンプルで、ユニークで、魅力的なら（つまり、ザグさえあれば）、何もかもがラクになる。従業員はやる気に満ち、管理者は事業単位を越えて連携するようになり、顧客は口コミで商品を宣伝しはじめ、企業はパートナーシップに意欲的になり、株主は売上増に貢献しはじめる。その結果、市場と同じスピードでのイノベーション、顧客との密接な結び付き、効率的な経営が実現するのだ。このような改善を、偶然ではなく必然にもたらすのがニュートロン社の役目だ。

ご想像のとおり、ニュートロン社そのものがザグだ。10年前には存在しなかった〝ブランドの指導者〟という役割を見出し、新たな市場空間を作り出したからだ。ブランディングが複雑化するにつれて、企業はひとつの事実に気付きはじめている。ブランドを構築するには、単独の部署や会社だけではなく、分野を越えた連携が必要だという事実に。また、ブランディングが成功の重要な要素となるにつれ、企業はブランドを社内で管理しなければならないというプレッシャーを感じはじめている。ニュートロン社は、ブランド管理を外部に委託するのは危険だと考える企業にとって、今や〝頼みの綱〟とも言える存在なのだ。

それでは、ニュートロン社はどのように企業の指導を行なっているのか。私たちは日々、新たな手法を探し出している。ザグには、既存のモデルなど存在しないからだ。しかし、そのために、私たちはシンクタンクの本業である戦略とデザインの分野で数多くのブレインストーミングを繰り返している。また、企業がプラスの変化を生み出す方法を理解できるように、新たなモデル（これを私たちは〝概念のおもちゃ《コンセプチュアル・トーイ》〟と呼んでいる）を開発している。さらに、そのようなアイデアを共同作業チームが（教育的枠組みの中で）利用できる形で提供するために必要な言語、ツール、媒体も開発している。

あなたは、こんな企業で働いたことはないだろうか？　プロセスによって目的が覆い隠されている企業。従業員がバラバラで連携し合っていない企業。意思決定に一貫性のない企業。ブランドを消費者にうまく伝えられていない企業。発想の輝きが顧客に届く前にすっかり色あせてしまっている企業。あるいは単に、出社するのが楽しくない企業。もしそんな企業で働いた経験があるなら、数字やデータ中心の過去とブランド中心の将来像との間にもどかしいギャップを感じたことがあるはずだ。そのギャップこそ、ニュートロン社と弊社のクライアントが懸命に埋めようとしているギャップなのだ。

ニュートロン社の詳細は、www.neutronllc.comまで。

謝辞

誰から始めればいいだろう？　短い本とはいえ、完成までには数え切れない人々にお世話になった。書き始めの頃には、多くの専門家に内容の相談に乗ってもらったし、刊行段階では、出版、製本、マーケティングに関して多くの人々にお世話になった。本の調査、執筆、デザインに費やした3年間では、それぞれの分野の一流のビジネス思想家たちから影響を受けた。

たとえば、ジェイムズ・フォルシエール博士は、競争の障壁について、経済学者の視点を提供してくれた。ティム・カルキンスには、「トップ・ブランドに有利な状況」など、彼がノースウェスタン大学のブランド戦略クラスで教えているさまざまなアイデアを参考にさせていただいた。コペンハーゲン・ビジネス・スクールの教授、ロン・サンチェス博士は、彼の開催する戦略的経営プロセスのワークショップで、戦略に関する私のさまざまな疑問を解決してくれた。HPのブランド・マーケティング部長、ゲーリー・エリオットは、ビジネス戦略とブランド構築の関係を深く見直すきっかけを与えてくれた。

また、36～37ページで紹介したブランディングの見事な定義を考案した広告業界の旧友、ガース・デ・シューにも感謝したい。私の友人であり元クライアントでもあるペーター・ファン・ナールデンは、ビブリのビジョンを形作るうえで助けになった。ビブリのアイデアにすっかり興奮した私たちは、もう少しで今の仕事を辞め、ワインバーのチェーン展開に乗り出すところだった。しかし、このワインバーのビジョンも、ニュートロン社のブランディング・ワークショップに参加してくれた数々の才能ある人々の知恵がなければ、これほど具体的にはならなかっただろう。すばらしいアイデアを提供してくれたみなさんに感謝したい。

オグルヴィ＆メイザーのブライアン・コリンズ、デロイトコンサルティングのジョナサン・コパルスキー、イーベイのキップ・ナイト、ＲＤＮグループのロブ・ロディン、エレクトロニック・アーツのロッド・スワンソン、ストーン・ヤマシタ・パートナーズのキース・ヤマシタなど、校閲者のみなさんにもお世話になった。特に、本書の一貫性について厳しく〝ダメ出し〟をしてくれたＣ２のグレッグ・ガレには感謝している。彼がいなければ、ストーリーのほつれを直すために、さらに数週間もの時間をかける気にはならなかっただろう。

また、温かい支援をいただいた著者仲間たちにもお礼を申し上げたい。アル・ライズは、ポジショニングにかけては誰よりも頼りになる専門家だ。セス・ゴーディンは、マーケティングに関して常に最新で斬新なアイデアを提唱している。そして、デービッド・アーカーは、ブランディングがアイデンティティ、パッケージング、広告以上のものであることを証明している。

ナンシー・ルエンツェルをはじめとするピーチピットの出版チームにも深くお礼を申し上げる。

このホワイトボード本を当初から応援してくれたマイケル・ノーランはもとより、サラ・ジェーン・トッド、スコット・コーリン、デヴィッド・ヴァン・ネス、ブルック・ファーリング、シャーリーン・ウィルといった推進チームのみなさんに感謝したい。

さらに、専門的な支援がなければ、本書は1ページも完成しなかっただろう。すばらしい仕事をしてくれたニュートロン社のディアンナ・リー、ジョッシュ・リヴァイン、ジェニファー・マーテル、スー・スミス、ローラ・ストロジノウスキー、トンイェ・ヴェトレセッテルにお礼を申し上げたい。また、ウェブ・チームのロブ・バインダーとブラッド・ベンジャミンにも頭が下がる思いだ。ふたりがいなければ、ウェブ・ページを書籍に見立てるという難問を解決することはできなかっただろう（www.zagbook.com を参照）。最後に、本書のページをデザインするという難題を快く引き受けてくれたヘザー・マクドナルドにも感謝したい。

1910年から続くニューヨークの老舗ピクルス店、〈ガス・ピクルス〉の正面に写っているティム・ベイカーには、写真の利用を快諾していただき、感謝している。ゼネラル・マネージャのティムと四代目C

ＥＯのアンドルー・リーボウィッツが経営する〈ガス・ピクルス〉に興味がおありなら、ニューヨーク・シダーハーストにある拡張したての工場まで（前ページの写真）。ピクルスはwww.usspickle.comからオンラインでも注文可能だ。酸味の利いた人気のピクルスをぜひ試してほしい。きっと、食べた瞬間に「差別化」の価値がお分かりになるはずだ。

本の執筆は、孤独な作業だ。書き終わる日は来るのだろうか、という疑問を常に振り払いながら、長時間キーボードの前に座っていなければならない。それも、本来なら仕事などしていない夜遅くや、頭にくるくらい天気の良い週末に。そんなとき、超一流の支援者がいるのは本当にありがたい。こんな夫に敬意を払い、我慢強く励ましてくれた妻のエイリーンには、ほかの誰よりも感謝している。

最後に、私の〝本立て《ブックエンド》〟になってくれた母と父。私の人生を隅から隅まで作り上げてくれたのは、ほかでもない私の両親だ。

著者紹介

マーティ・ニューマイヤー

Marty Neumeier

サンフランシスコを拠点に、ブランド・コラボレーションの統括を行なうニュートロン社の社長。1970年代初頭、グラフィックデザイナー兼コピーライターとして南カリフォルニアでキャリアをスタート。80年代初頭、技術系企業のブランドデザインに特化するために、北カリフォルニアへ移る。90年代半ばまでに、彼の会社は数百ものブランドアイコン、小売りパッケージ、ブランド・コミュニケーション・ツールを手がけた。当時のクライアントには、アップル、アドビシステムズ、ネットスケープ・コミュニケーションズ、イーストマン・コダック、ヒューレット・パッカードなどが含まれる。デザイン業に携わった最初の25年で何百ものデザイン賞を受賞し、業界誌やデザイン関連書で定期的な執筆活動を行なった。96年、グラフィックデザインの専門誌「クリティーク」を創刊、デザイン効果の向上をめざす屈指のフォーラムへと成長させる。同誌の編集中、戦略とデザインを効果的につなぐ議論に加わったのが契機となり、ニュートロン社の設立に至る。妻とともにカリフォルニア州パロアルトに暮らす。趣味やスポーツに興味を持とうとはしたものの、創作力ある人びとと一緒に働く楽しみにかなうものは今までのところ見つかっていない。ニュートロン社の内外で、デザイン、ブランド、クリエイティブ・コラボレーションに関する多くの演説を行なっている。

訳者紹介

千葉敏生

Chiba Toshio

翻訳家。1979年神奈川県生まれ、早稲田大学理工学部数理科学科卒。訳書に、アンドリュー・リー『ウィキペディア・レボリューション』、マーティン・リンストローム『買い物する脳』（ともに早川書房）などがある。

ザグを探《さが》せ！

最強《さいきょう》のブランドをつくるために

2009年9月30日　初版第1刷発行

著　者　マーティ・ニューマイヤー

訳　者　千葉敏生《ちばとしお》

装　幀　中村圭介　小酒井祥悟　千葉佳子
（株式会社ナカムラグラフ）
藤井耕志（レッド）

発行人　池澤徹也
発行所　株式会社実務教育出版
〒163-8671 東京都新宿区大京町25番地
電話　03-3355-1812（編集）
03-3355-1951（販売）
振替　00160-0-78270
印　刷　株式会社精興社
製　本　株式会社ブックアート

ISBN978-4-7889-0775-1　C0034